SCHOPENHAUER

LES ORIGINES DE SA MÉTAPHYSIQUE

OU

LES TRANSFORMATIONS DE LA CHOSE EN SOI

DE KANT A SCHOPENHAUER

PAR

LOUIS DUCROS
Agrégé de Philosophie,
Maître de Conférences à la Faculté des Lettres de Bordeaux
Docteur ès Lettres.

PARIS
LIBRAIRIE GERMER BAILLIÈRE & Cie
108, Boulevard Saint-Germain, 108
1883

SCHOPENHAUER

SCHOPENHAUER

LES ORIGINES DE SA MÉTAPHYSIQUE

OU

LES TRANSFORMATIONS DE LA CHOSE EN SOI

DE KANT A SCHOPENHAUER

PAR

Louis DUCROS

Agrégé de Philosophie,
Maitre de Conférences à la Faculté des Lettres de Bordeaux
Docteur ès Lettres.

PARIS

LIBRAIRIE GERMER BAILLIÈRE & Cie

108, Boulevard Saint-Germain, 108

1883

INTRODUCTION

On a beaucoup écrit sur Schopenhauer: on n'a pas, même en Allemagne, recherché les origines de sa métaphysique. Cette recherche a pourtant une double utilité. Schopenhauer, comme on sait, part du criticisme pour aboutir à une métaphysique de la volonté qui peut se résumer ainsi: il y a une chose en soi et cette chose en soi s'appelle volonté. Or ces deux propositions capitales, nous croyons les avoir trouvées, telles que les formule Schopenhauer, dans les philosophies de Kant, de Fichte et de Schelling. Pour vérifier par conséquent si la métaphysique de Schopenhauer est aussi originale qu'il affecte de le croire lui-même, nous aurons à étudier le rôle très important qu'a joué dans les systèmes de Kant, de Fichte et de Schelling, la volonté considérée comme chose en soi. Cette étude sur les origines de la métaphysique schopenhauerienne est donc au fond, et c'est là ce qui en fait l'unité, et croyons-nous, la nouveauté, une histoire de la chose en soi, ou plus exactement encore, de la volonté en soi, de Kant à Schopenhauer (1).

(1) Nous devons mentionner ici le travail de M. Janet intitulé : *Schopenhauer et la Physiologie française* (*Revue des Deux-Mondes*, 1er mai 1880). M. Janet a signalé les emprunts que Schopenhauer a faits aux physiologistes français et montré ce qu'il appelle très justement les origines françaises de la philosophie de Schopenhauer. Notre étude pourrait s'intituler : « Les Origines allemandes de la métaphysique de Schopenhauer. »

LA

MÉTAPHYSIQUE DE SCHOPENHAUER

PREMIÈRE PARTIE

EXPOSITION

CHAPITRE I

Théorie de la Connaissance : Le Monde comme représentation.

« Le monde est ma représentation », tels sont les premiers mots du grand ouvrage de Schopenhauer : *le Monde comme volonté et représentation*. Ces mots expriment suivant lui une vérité qui s'impose à tout être vivant, mais l'homme seul arrive à la conscience réfléchie de cette vérité et dès lors il est philosophe. Seul il sait qu'il ne connaît pas vraiment un soleil ou une terre, mais que sa main touche simplement une terre, que son œil voit un soleil et que soleil et terre ne sont là que pour lui, ne sont que sa représentation. Être une représentation, c'est la même chose pour Schopenhauer que être un objet pour un sujet; l'objet et le sujet, voilà les deux pôles aussi nécessaires l'un que l'autre de toute représentation. Si donc rien n'existe que pour et par ma représentation, et si ma représentation suppose toujours un sujet et un objet, rien ne sera plus primitif et plus certain que cette vérité : tout ce qui est connaissable, c'est-à-dire le monde entier, est seulement un objet en rapport avec un sujet. (1)

Le monde, en tant que représentation, se compose de

(1) Cette exposition est surtout un résumé, aussi fidèle que possible, du grand ouvrage de Schopenhauer, « *le Monde comme volonté et représentation* », lequel n'a pas été traduit.

ces deux moitiés également essentielles : le sujet et l'objet. Mais tandis que l'objet est soumis à l'espace et au temps et par eux, comme nous le verrons, à la pluralité, le sujet au contraire est un et indivisible, il est tout entier dans tout être qui se représente quelque chose. Un seul être suffit pour réaliser le monde en tant que représentation ; que cet être vienne à manquer, avec lui s'évanouit le monde représenté, car ces deux moitiés, objet et sujet, sont inséparables l'une de l'autre, l'une n'a de sens que par et pour l'autre, elles naissent et disparaissent ensemble, elles se limitent réciproquement : où commence l'objet, le sujet cesse d'être. Ce qui montre bien cette communauté de limites, c'est que les formes essentielles de tout objet, telles que temps, espace, causalité, le sujet les trouve de lui-même, les tire de son propre fonds, ou, pour parler le langage de Kant, les connaît *à priori*.

Or, de toutes ces vérités *à priori,* de toutes ces formes que le sujet impose d'avance à l'objet, la plus générale de toutes, c'est le principe de raison suffisante : une chose n'est que par le moyen d'une autre, ou, selon l'énoncé plus explicite de Wolff qu'adopte Schopenhauer : *Nil est sine ratione cur potius sit quam non sit.* Ce principe de la raison suffisante doit jouer un très grand rôle dans la philosophie de Schopenhauer, il nous apparaîtra même plus tard comme l'âme de son système; mais, chose curieuse, Schopenhauer ici ne saurait assez insister sur l'immense portée et l'universelle valeur de ce principe et aussitôt après, par une de ces restrictions, nous pourrions dire par une de ces rétractations qui ne coûtent rien à cet esprit plus hardi que logique, il s'empresse de soustraire à l'empire de ce principe souverain la vérité qu'il a proclamée la plus certaine de toutes : être un objet pour un sujet. Cette vérité tient donc d'elle-même toute sa certitude, elle se pose elle-même et comme de son autorité privée, c'est donc elle, semble-t-il, et non le principe de raison suffisante, qui est la première et la plus universelle vérité *à priori,* puisqu'elle est antérieure et supérieure à ce principe lui-même. Quoi qu'il en soit, si Schopenhauer veut faire du principe de raison suffisante comme la clef de voûte de tout son édifice, il ne tient pas moins à écrire au fronton cette vérité capitale : tout objet n'est que par et pour le sujet. Affranchir du principe de raison suffisante cette vérité initiale, voilà l'originalité de son point de départ, voilà ce qui distingue sa doctrine de toutes les autres et ce qui selon lui la rend supérieure à la fois au Réalisme et à l'Idéalisme. En effet que sont au fond ces deux dernières philosophies ? Deux façons parfaitement arbitraires de soumettre le sujet au principe de causalité qui n'est qu'une des formes du principe de raison suffisante. Poser l'objet comme cause et comme cause agissant sur le sujet, voilà le Réalisme. Attribuer au contraire la causalité au sujet et faire de l'objet un effet du sujet, c'est ce qui constitue l'Idéalisme et particulièrement l'idéalisme de Fichte. Ces deux dogmatismes opposés sont faux tous les deux parce qu'ils n'ont pas su, comme l'a fait Schopenhauer, affranchir le sujet du principe de causalité et cette commune erreur assure des deux parts la victoire du scepticisme. Que font par exemple les réalistes ? Ils considèrent la représentation comme un produit, un effet de l'objet et, séparant ces deux choses, objet et représentation qui n'en sont qu'une, ils posent arbitrairement un objet en dehors et indépendamment du sujet, un objet en soi, ce qui est impensable puisqu'un objet n'a de sens que pour un sujet, n'est que la représentation même de ce sujet. Le scepticisme alors, s'emparant de cette supposition fausse, n'a pas de peine à démontrer que dans la représentation nous atteignons seulement l'effet (l'effet de l'objet sur le sujet), jamais la cause, donc l'*agir* seul, jamais l'*être* même de l'objet. Qu'est-ce qui nous prouve alors que l'être est conforme à l'agir, que l'essence de l'objet répond à l'action sur le sujet? La loi de causalité ou sa forme plus générale, le principe de raison suffisante, ne peut donc rien nous apprendre de certain sur l'objet, sur le monde extérieur, et s'appuyer sur ce principe pour construire le monde extérieur, c'est bâtir sur le sable. Le tort commun à tous les systèmes qui ont précédé le « *monde comme volonté et représentation,* » c'est, après avoir creusé un abîme entre ces deux termes corrélatifs, sujet et objet, de prendre pour point de départ, non les deux termes à la fois, comme le fait Schopenhauer, mais l'un des deux à l'exclusion de l'autre. C'est ainsi qu'on pourrait d'une manière générale diviser tous les systèmes en deux grandes classes : ceux qui partent du sujet et ceux qui partent de l'objet. La première classe comprendrait évidemment la prétention inouïe qu'étale Fichte de faire sortir l'objet du sujet : Fichte ne s'aperçoit pas qu'avec le sujet il pose forcément l'objet, puisqu'un sujet ne peut être pensé sans un objet correspondant. La seconde classe comprendrait, non-seulement le Réalisme, dont nous avons montré la faiblesse, mais encore le Matérialisme qui est, de tous les systèmes partant exclusivement de l'objet, le plus conséquent et le plus hardi. Les matérialistes commettent l'erreur diamétralement opposée à celle qui gâte tout le système de Fichte : ils ne s'aperçoivent pas en effet qu'en posant le plus simple objet ils posent par là même le sujet. C'est une bien amusante chose de les voir prendre avec confiance leur point de départ dans le monde extérieur et même dans la forme la plus pauvre qu'il nous offre, le pur mécanisme, puis de là s'élever par degrés et sans autre secours que les modifications du simple mouvement, aux phénomènes chimiques, aux plantes, aux animaux et jusqu'à l'intelligence humaine. C'est par un éclat de rire homérique que nous accueillons alors leur arrivée à ce point suprême de leur curieuse ascension : ce qu'ils trouvent là-haut, le sujet connaissant, ils l'avaient pris en bas avec eux, leur point d'arrivée était contenu dans leur point de départ; ils n'ont pu au début et malgré tous leurs efforts se dépouiller du sujet qui connaît, et ces efforts malheureux pour se débarrasser du moi les font ressembler au seigneur de Münchhausen : il traversait à cheval un cours d'eau et pour ne pas mouiller sa monture ni lui-même, il s'efforçait de tirer en haut son cheval en le pressant avec les pieds et de s'enlever lui-même en ramenant en avant ses cheveux noués en queue. Ainsi les matérialistes, malgré des prodiges d'adresse, trempent, aussi bien que les idéalistes, dans le fleuve du subjectif. Pas d'objet sans sujet, pas de sujet sans objet, voilà ce qui fait du Matérialisme et de l'Idéalisme des systèmes condamnés d'avance et comme mort-nés. Il faut donc se garder de partir, comme ils le font, soit du sujet, soit de l'objet exclusivement, il faut partir de la représentation qui les renferme tous les deux : « la » représentation est le premier fait de conscience; sa » forme essentielle, c'est la double face du sujet et de » l'objet. » Ce qui permet à Schopenhauer de poser ce fait à l'origine de son système et avant même le principe de raison suffisante qui régit tout le reste, c'est que dans la représentation, dans l'objet-sujet, ce qui est soumis au principe de causalité, c'est seulement l'objet, le sujet lui échappe complètement: la représentation est donc, de par le sujet qu'elle renferme, antérieure et supérieure même au principe de raison suffisante. Être connu en effet, c'est être un objet pour un sujet; ce qui est toujours et seulement sujet ne saurait donc jamais être connu; le sujet est un et indivisible, nous l'avons vu, il échappe comme tel aux lois des objets qui sont le temps, l'espace, la causalité, car ces lois ne sont que par et pour lui; il ne saurait donc être ni cause ni effet, il n'y a pas entre lui et l'objet de rapport causal qui permette de passer de l'un à l'autre, comme le font matérialistes et idéalistes; on ne peut que poser le sujet implicitement dans l'objet et partir des deux à la fois, c'est-à-dire de la représentation. Étudions donc tout d'abord la représentation, puisque cette étude est pour Schopenhauer le commencement de la sagesse, et que bien comprendre la représentation, c'est comprendre le monde lui-même qui n'est que ma représentation.

Nous distinguons en premier lieu deux sortes de représentations : les représentations intuitives et les représentations abstraites; attachons-nous d'abord aux premières.

Elles embrassent tout le monde visible, la totalité de l'expérience et même les conditions de possibilité de l'expérience, comme l'a démontré Kant. C'est en effet la grande découverte de Kant d'avoir vu que les conditions de l'expérience, ses formes les plus générales, temps et espace, ne sont ni tirées de l'expérience elle-même, ni créées par l'abstraction, mais qu'elles sont saisies par une intuition immédiate que Schopenhauer appelle après Kant, intuition pure ou *à priori*, pour la distinguer des intuitions *à posteriori*. Parcourons d'abord le domaine de l'intuition *à priori*; il comprend les trois données essentielles du monde extérieur :

temps, espace et matière. Pour ce qui est du temps et de l'espace, Schopenhauer ne fait que répéter Kant; mais ce qu'il dit du troisième élément constitutif du monde extérieur est plus original et mérite qu'on s'y arrête : la matière suppose tout d'abord le temps et l'espace, car si temps et espace peuvent être saisis par l'intuition sans la matière, c'est-à-dire vides de tout contenu, la matière au contraire ne peut être représentée en dehors de tout temps et de tout espace. Mais le temps et l'espace sont des propriétés contradictoires : le temps fuit, l'espace est immobile. Comment donc la matière peut-elle être à la fois dans le flot mouvant du temps et dans l'immobile espace? C'est justement le caractère original de la matière de porter dans son sein et d'accorder entre elles les propriétés antagonistes de l'espace et du temps. Qu'est-ce en effet que la matière? Rien de plus que la causalité, cette forme importante du principe de raison suffisante. Tout l'être de la matière consiste dans son action; c'est seulement en tant qu'agissante qu'elle remplit l'espace et le temps; ce n'est pas assez d'affirmer qu'elle est la réalité (die Realität), il faut dire plutôt qu'elle est la réalisation (die Wirklichkeit), on pourrait même ajouter la réalisation du principe de causalité. Or, la causalité ou loi de mutabilité n'exige pas seulement qu'il y ait des changements d'une manière générale, mais que dans tel endroit de l'espace et à tel moment du temps tel changement ait lieu. Ce qui est déterminé par le principe de causalité, ce n'est pas seulement une succession d'états dans le seul temps, mais cette succession temporelle dans un espace donné.

La mutabilité ou changement régi par la loi de causalité, la matière en un mot, accorde donc entre elles une portion du temps et une portion de l'espace ; en elle se réalisent et la conciliation du temps et de l'espace et leur limitation réciproque.

Ainsi d'une part le temps et l'espace, d'autre part la matière, cette cause sans cesse en mouvement qui remplit de sa substance immuable et de ses effets changeants le temps et l'espace, voilà ce que découvre à Schopenhauer l'intuition *à priori*.

Entrons maintenant dans le domaine de l'expérience et voyons comment nous connaissons, non plus les formes générales de la matière, mais ses déterminations particulières. Quelle faculté spéciale va nous donner le secret du monde extérieur et de ses nombreuses manifestations? Car de même que l'objet en général n'est que pour le sujet, de même toute classe particulière de représentations n'existe que pour une certaine classe de déterminations dans le sujet qu'on appelle des facultés; le sujet devient ainsi successivement le corrélat spécial de chaque ordre déterminé de représentations. Quel est donc le corrélat des représentations qui se rapportent au monde extérieur? c'est l'intuition intellectuelle.

Ces deux mots indiquent : 1° que la connaissance du monde extérieur est immédiate (intuition) ; 2° que l'intuition, pour pénétrer dans le monde extérieur, doit être aidée par l'entendement (intuition intellectuelle).

Que la connaissance du monde extérieur soit immédiate ou intuitive, c'est ce qu'on accordera aisément; mais quelle est au juste la part de l'entendement dans cette connaissance, voilà ce qu'il est nécessaire d'établir nettement. Le monde extérieur ou, d'un mot déjà défini, la matière avec ses manifestations diverses, n'est pas autre chose qu'action, c'est-à-dire caùsalité. Or la fonction propre de l'entendement, c'est de connaître les causes et voici comment : le corps d'un vivant éprouve telle sensation, l'entendement s'en empare, et, muni du principe de causalité qui dirige toutes ses démarches, il considère cette sensation comme un effet dont il cherche la cause ; celle-ci, une fois trouvée, prend le nom d'objet, car, on l'a vu, les objets extérieurs ne sont que des causes. Mais il ne faut pas croire que ce soit par des opérations lentes, successives, que l'entendement parvient à saisir les causes ou objets ; l'effet est ramené à sa cause immédiatement et sûrement, non par réflexion, mais par intuition ; l'entendement en effet transforme la sensation en intuition, c'est-à-dire la conscience obscure de changements sans suite en la perception claire et directe de véritables objets liés entre eux et au sujet par le principe de causalité ou plus généralement de raison suffisante. Ce dernier fonde ainsi la connaissance générale du monde extérieur, comme il fondera tout à l'heure chacune des sciences particulières qui se partagent le monde. Ainsi la connaissance immédiate d'un objet quelconque ou intuition n'a lieu que par l'entendement et on peut affirmer, à l'encontre de Kant, que toute intuition est intellectuelle. De même qu'au lever du soleil le monde visible sort des ténèbres, ainsi dès qu'apparaît l'entendement surgit le monde des causes et à l'anarchie des sensations obscures succède le règne, ordonné par le principe de causalité, des intuitions lumineuses qui vont droit à l'objet et ne trompent jamais. Hume a donc tort de considérer la notion de cause comme une acquisition tardive due à des expériences répétées ; rien au contraire n'est plus primitif, puisque cette notion est le fait premier, la condition de toute connaissance, même de la connaissance intuitive.

Quelle est maintenant la valeur de l'intuition? En d'autres termes, quelle est la réalité du monde extérieur que nous devons à l'intuition? L'intuition est certaine; entre elle et le monde extérieur il n'y a place pour aucun doute, aucune erreur, car il n'y a entre elle et le monde extérieur aucun intermédiaire, elle n'est que le monde lui-même représenté et par conséquent réalisé par le sujet; le principe de causalité est aussi indiscutable que le principe de raison suffisante dont il n'est qu'une forme particulière, et de même l'intuition, ou plus précisément l'intelligence du monde extérieur, est aussi certaine que le principe de causalité dont elle n'est qu'une application (¹). Mais le principe de causalité n'est pas seulement un lien entre le sujet et l'objet et comme un passage nécessaire de l'un à l'autre, il lie de plus les représentations, c'est-à-dire les objets entre eux et leur communique par là sa propre certitude; en les enchaînant d'une manière rationnelle, il fonde leur réalité, il force notre croyance en un monde si parfaitement lié. Ainsi le monde est réel parce qu'il a pour fondement le principe de causalité, mais en même temps la réalité du monde est toute empirique, toute relative à notre expérience personnelle, parce que la loi de causalité n'a de valeur que dans et par notre intelligence; par là nous sommes ramenés au principe premier de la philosophie de Schopenhauer : le monde n'est que ma représentation. Ce qui, d'ailleurs, ne veut pas dire du tout qu'il soit une illusion, un mensonge; le monde se livre à nous naïvement, il se donne pour ce

(¹) Ce passage contredit formellement la critique faite plus haut (p. 3), des systèmes idéaliste et réaliste. Ai-je besoin, oui ou non, du principe de raison suffisante, pour arriver à connaître le monde extérieur? Non, plus haut; oui, ici.

qu'il est, pour une représentation, et il est, comme tel, parfaitement intelligible et admissible pour un esprit sain et sincère avec lui-même, il lui parle un langage très clair, exempt de toutes ces ambiguités que ferait naître la prétention insoutenable de connaître un monde en soi, indépendant du sujet. Quant à celui qui doute de la réalité du monde extérieur, ce n'est pas un philosophe qu'on peut essayer de convaincre, c'est un malade qu'il faut mettre entre les mains des médecins.

Nous avons vu en partie ce qu'était l'intelligence, essayons de bien déterminer la nature et la portée de ses opérations en la distinguant d'une faculté analogue qu'on a trop souvent confondue avec elle : la raison.

L'intelligence est proprement la faculté de connaître ou de passer de l'effet à la cause et réciproquement. Saisir immédiatement la cause visible d'un objet agissant sur notre propre corps ou pénétrer les enchaînements mystérieux des causes et effets dans l'immense nature, c'est toujours là l'œuvre de l'intelligence. C'est elle qui découvre avec Newton la loi de la gravitation, avec Lavoisier les lois des acides; un coup d'œil pénétrant, « un aperçu », lui suffisent pour faire toutes ces conquêtes qui ne sont nullement le lent résultat de raisonnements laborieux, mais l'intuition rapide, la divination de l'intelligence. Les philosophes ont bien à tort confondu l'intelligence avec la raison, prêtant à celle-ci ce qui revient à celle-là; c'est l'intelligence en effet qui enrichit véritablement l'homme en le mettant en rapport direct avec le monde extérieur; la raison ne fait qu'élaborer, réduire en froides abstractions ce que l'intelligence a fourni sous une forme concrète et vivante. C'est à bon droit que l'intelligence est du genre masculin en allemand (der Verstand), et la raison du genre féminin (die Vernunft), la raison recevant tout de l'intelligence et ayant pour unique rôle de transformer les intuitions en concepts. Sans doute les concepts sont utiles, indispensables même, nous le verrons tout à l'heure, dans la formation de la science, mais on exagère l'utilité des concepts en des domaines où l'intuition vaut bien mieux : pour certaines choses fines et délicates, la meilleure science est l'intuition; chacun, par exemple, se fait sa physiognomonie; il ne faut pas, dirait Pascal, appliquer l'esprit géométrique aux choses qui demandent l'esprit de finesse. Les abstractions, dit Schopenhauer, avec leurs arêtes trop nettement découpées, ne peuvent composer qu'une mosaïque là où il faudrait un tableau; vous aurez beau diviser et subdiviser les carreaux de la mosaïque, vous n'obtiendrez jamais cette gradation insensible des couleurs et ces mille nuances qui font le tableau à l'huile. Du peintre au mosaïste, il y a la même distance que du vrai savant au pédant. Qu'est-ce qu'un pédant? C'est, suivant l'ingénieuse définition de Schopenhauer, celui qui possède les choses *in abstracto*, par concepts, non par intuition concrète; le pédant ne se fiant jamais, et pour cause, à son esprit naturel, à son intuition directe des choses, se fait une provision de préceptes généraux et de grands principes où il puise, à l'occasion, des jugements très arrêtés, résumés en formules et maximes qui ne conviennent jamais parfaitement aux cas particuliers. Il est peut-être piquant de voir Schopenhauer signaler, en très bon allemand, le danger des abstractions et nommer de leur vrai nom le savant et l'artiste qui abusent de ce qu'il y a au monde de plus commode et de plus trompeur à la fois, des saintes formules!

Pour nous résumer, l'intelligence est l'intuition du

monde extérieur ou, ce qui revient au même, la connaissance des causes.

La raison, au contraire, est purement la faculté des concepts; ce que l'intelligence a vu sous une forme particulière et concrète, la raison le traduit en abstractions, en idées générales; la raison par elle seule ne peut rien, il faut qu'elle travaille sur les données de l'intelligence; sans doute c'est elle qui connaît la *vérité*, mais la vérité n'est qu'un jugement porté sur la réalité des choses, et la *réalité* est connue, saisie immédiatement par l'intelligence ou intuition. Ce qu'est la lumière directe du soleil au pâle reflet de la lune, l'intuition, qui s'offre et se garantit elle-même, l'est à la réflexion, aux concepts abstraits de la raison. Avec l'intuition tout est clair, certain, il n'y a de place ni pour le doute ni pour l'erreur, car il s'agit non pas d'une opinion, mais de la chose même, laquelle est là présente dans l'esprit qui la voit et l'affirme du même coup. Avec la raison et ses hésitations apparaît l'erreur qui, pareille au hibou, joue son jeu dans la nuit, jeu dangereux, car s'il est vrai que la science fait l'homme maître du monde, il n'y a pas, par contre, d'erreur inoffensive. Heureusement les hiboux feraient plutôt reculer d'effroi le soleil vers l'orient que l'erreur ne réussirait à voiler la vérité, une fois que celle-ci a lui.

On a vu que ce qui fait le savant de génie aussi bien que l'artiste, ce n'est pas la raison avec ses concepts abstraits et sa réflexion lente, c'est l'intelligence avec ses vives et fécondes intuitions; c'est elle aussi qui fait l'homme vertueux, car aux concepts de la raison on n'a jamais dû une bonne action ni un bon tableau; les concepts pourront sans doute se traduire en belles maximes. en dogmes fort précieux aux gens de sens rassis qui ont avant tout l'esprit de conduite, mais la raison n'est pas la source vive des actions grandes et nobles; celles-ci jaillissent, pour ainsi dire, de maximes inexprimées, de plans de conduite inachevés, parfois ébauchés à peine ou même inconnus à leur auteur, de tendances et de préférences vagues dont l'expression complète est l'homme lui-même. Que restera-t-il donc à faire à la raison si elle ne peut ni inspirer le génie, ni guider l'homme de bien ? Il lui reste à créer le langage et, par le langage, la *science*.

Ce sont les concepts, œuvre de la raison, qui constituent le langage; ils sont comme des résumés de nos expériences antérieures, car étant soumis, comme tout le reste, au principe de relativité, ils sont en rapport les uns avec les autres, de telle façon que les plus généraux dérivent des moins généraux, et ceux-ci reposent en définitive sur des représentations intuitives; la réflexion, dit Schopenhauer, est une « représentation de représentation. » Si le langage n'est autre chose qu'un télégraphe très rapide, c'est que les mots sont eux-mêmes des concepts ou des abrégés d'intuitions. Les intuitions particulières rendent possibles les concepts, car le monde tout entier de la réflexion repose sur l'intuition : les concepts à leur tour rendent possible la science. Toute science, dit justement Schopenhauer, est un système de vérités générales, et par conséquent est l'œuvre de la raison. Savoir, c'est avoir dans son esprit, pour les reproduire quand on veut, des jugements, des abstractions qui ont en dehors de l'esprit, un fondement de connaissance suffisant, c'est-à-dire qui sont vrais. La connaissance abstraite est donc seule un savoir; si c'est à l'intelligence ou intuition qu'on doit les plus grandes conquêtes de la science, c'est à la raison qu'on doit la conservation de ces conquêtes, car être savant c'est « posséder, fixé à tout jamais dans les concepts de sa raison, ce qui a été découvert d'une toute autre manière. »

Ainsi en résumé la raison est la faculté scientifique, parce qu'elle est la faculté des concepts ou des abstractions ; l'intelligence est la faculté artistique par excellence, parce qu'elle est la faculté des intuitions. Que Fichte et Schelling ne viennent donc pas nous parler d'une raison intuitive, deux mots contradictoires s'il en fut ; nous ne savons ce qu'est une intuition de la raison qui atteindrait l'absolu ; toute cette philosophie mystérieuse nous fait l'effet d'un livre fermé par sept sceaux, et la profonde sagesse de ces docteurs n'est pour nous que la plus ennuyeuse fanfaronnade (Windbeutelei).

La raison ne peut nous donner que les concepts à l'aide desquels nous construisons la science ; or il est de la nature des concepts de pouvoir être compris les uns dans les autres selon leur plus ou moins grande généralité ; on peut même les figurer selon leurs différents degrés de compréhension par des cercles concentriques, ainsi que le fait Schopenhauer ; il en résulte que la forme caractéristique de toute science, c'est la subordination des concepts.

Mais laissons là ces considérations sur la science en général et entrons dans l'examen des sciences particulières, afin de montrer par quels chemins Schopenhauer arrive à la science qui doit faire le fond et de sa doctrine et de notre étude, la science de la volonté. Nous devons pour cela nous adresser à l'ouvrage de Schopenhauer intitulé : *De la quadruple racine du principe de raison suffisante* (¹). Schopenhauer écrivit cet opuscule à l'âge de vingt-six ans; il eut, dit-il, le bonheur de pouvoir le corriger à soixante ans et il le considère comme le fondement (Unterbau) de sa doctrine; il nous a semblé qu'il convenait mieux d'en parler seulement ici après ce que nous avons dit de la connaissance et de la science en général, puisque l'opuscule en question est au fond une classification des sciences particulières.

Le point de départ de la philosophie de Schopenhauer est, on s'en souvient, cette vérité qu'il considère comme capitale : toute connaissance comprend un sujet et un objet; être objet pour le sujet et être une représentation c'est la même chose. Or nos représentations sont soumises à une loi de connexion, laquelle ne fait qu'exprimer le grand principe de raison suffisante qui amène le pourquoi, « père de toute science ». Cette loi de connexion est loin d'être la même pour tous les objets que nous connaissons, elle prend diverses formes suivant les différentes espèces de représentations à lier; les objets, en effet, suivant leur différente nature, soutiennent entre eux différentes relations: ce sont ces relations spécifiques différentes que Schopenhauer appelle les *racines* du principe de raison suffisante.

Toute science, dit Schopenhauer, part de deux notions principales : le principe de raison suffisante sous une forme quelconque, c'est là son instrument; son objet particulier, c'est là son problème; or l'instrument change avec le problème; autant d'objets à étudier, autant de formes différentes du principe de raison suffisante à expliquer.

Il y a quatre classes d'objets ou de représentations:

(¹) Nous nous servirons de la 3ᵉ édition, revue et corrigée, de Frauenstädt.

la première classe comprend les représentations qui sont à la fois intuitives, complètes, empiriques; ces représentations sont:

1° Intuitives, en opposition aux concepts abstraits;

2° Complètes, parce qu'elles renferment non seulement la forme, mais la matière même des phénomènes;

3° Empiriques pour deux raisons : d'une part elles ont leur origine dans une excitation sensible de notre corps; d'autre part elles sont liées, dans le temps et l'espace, à la complexité infinie qui constitue notre réalité empirique.

Comment se fait la représentation intuitive du monde extérieur? A l'aide d'un intermédiaire indispensable, le corps. Qui dit intuition, en effet, dit représentation immédiate; or le sujet ne connaît immédiatement que « le sens intérieur », nous dirions la conscience; il faut donc que le sens intérieur soit affecté directement pour qu'il y ait intuition et il ne peut l'être que par le corps, c'est-à-dire par « le sens extérieur ». C'est le corps qui, affecté par un objet quelconque, fournit à la conscience l'occasion de s'exercer et donne ses premiers *data* au principe de causalité. C'est en ce sens que Schopenhauer appelle le corps l'objet immédiat, c'est-à-dire l'objet qui, par ses impressions sur la conscience, est le plus près de nous-mêmes, qui transmet au sens intérieur toutes ses modifications comme autant d'effets dont il faut rechercher la cause. Quand donc Schopenhauer dit que être représenté signifie être immédiatement présent dans la conscience du sujet, son expression n'est pas absolument juste, puisque le corps vient toujours se placer entre la conscience et l'objet représenté. N'oublions pas d'ailleurs qu'objet et représentation ont le même sens pour Schopenhauer et que l'expression d'objets réels signifie simplement cette classe particulière des représentations intuitives que nous étudions en ce moment. La forme du principe de raison suffisante qui lie entre elles ces représentations intuitives c'est la loi de causalité ou loi du devenir: *principium rationis sufficientis fiendi.* Voici quelle en est la formule: si un nouvel état apparaît dans un ou plusieurs objets, cet état est nécessairement précédé d'un autre et le second suit aussi souvent que se montre le premier; l'état nouveau qui surgit comme effet est un changement et la loi de causalité n'a affaire qu'à des changements. La cause n'est elle-même qu'un changement antérieur et ce changement en suppose un autre dont il est lui-même l'effet, si bien que la chaîne des causes ne peut avoir de commencement, le moindre fait supposant une succession infinie de causes. C'est abuser étrangement du principe de causalité que de s'en servir, comme on l'a fait trop souvent, pour établir la preuve cosmologique de l'existence de Dieu, cette preuve qui fait les « yeux doux » aux philosophes, mais à qui la critique de la raison pure a porté un coup mortel. Les Révérends anglais ont beau parler de la cause première (the first cause) avec emphase et en tournant les yeux d'une manière édifiante, cette cause première est aussi impensable que le serait un lieu où cesserait l'espace, un moment où cesserait le temps. Cet état primitif qu'on imagine à l'origine des choses est-il appelé à devenir cause, alors il faut que quelque chose dans le temps le modifie pour qu'il sorte de son repos. La loi de causalité n'est pas à notre service comme le serait un fiacre qu'on renvoie dès qu'on est arrivé; elle rappelle bien plutôt ce balai enchanté dont parle Gœthe et qui, une fois en mouvement, ne cesse de courir.

De la loi de causalité découlent deux corollaires qui sont, comme elle, des connaissances *à priori*. Ce sont : la loi d'inertie, dont Schopenhauer ne fait que reproduire la formule ordinaire, et la permanence de la substance sur laquelle il énonce certaines considérations qui importent à notre étude. La permanence de la substance résulte directement, selon lui, de ce fait que la loi de causalité s'applique uniquement aux états du corps, nullement au support (der Träger) de ces états, à la substance. La substance persiste (beharrt), elle ne peut naître ni mourir, elle a dans l'univers un *quantum* immuable ; notre esprit se refuse absolument à penser la naissance ou la mort de la matière ; celle-ci est éternellement la même, c'est là une vérité *à priori*. Deux choses échappent à la loi de causabilité : la matière d'abord dans son immuable et éternelle essence ; en second lieu les forces naturelles. Qu'est-ce donc qui distingue les causes des forces naturelles ? Cause et effet ne sont que des changements qui se succèdent nécessairement dans le temps ; les forces naturelles au contraire, par le moyen desquelles les causes agissent, sont soustraites à tout changement et par là sont en dehors du temps, omniprésentes et inépuisables, toujours prêtes à s'exprimer dès que la succession des causes leur en fournit l'occasion. La cause est toujours, aussi bien que son effet, un changement singulier ; la force naturelle au contraire est quelque chose de général et d'immuable, elle est présente en tout lieu et en tout temps. Par exemple, l'ambre attire en ce moment un flocon de laine, c'est là un effet ; la cause, c'est le frottement actuel et le voisinage de l'ambre ; mais la force naturelle et vraiment active, c'est l'électricité. Personne n'a au même degré que Maine de Biran, dans ses *Nouvelles considérations des rapports du physique et du moral,* confondu ces deux choses si différentes : cause et force naturelle ; c'est que cette confusion était essentielle à sa philosophie. Il est curieux de remarquer que toutes les fois que M. de Biran a à parler d'une cause, il ne se borne jamais à dire : la cause, mais il dit chaque fois : la cause *ou* la force, tout comme Spinoza écrit, confondant les deux choses : *ratio sive causa.*

La causalité, qui régit tous les changements de la nature, s'offre à nous sous trois formes différentes qui sont : la cause proprement dite (Ursache), l'excitation (Reiz) et le motif (Motiv). La *cause* produit uniquement des changements dans le monde inorganique, c'est-à-dire ses effets sont le thème de la mécanique, de la physique et de la chimie. A elle seule s'applique la troisième loi de Newton : « l'action et la réaction sont égales ; » cela veut dire que l'état antérieur (la cause) éprouve une modification qui égale en grandeur celle qu'il produit lui-même et qu'on appelle effet. C'est dans le domaine seul de la cause proprement dite que le degré de l'effet est strictement proportionnel au degré de la cause, si bien qu'on peut de celui-ci déduire celui-là et réciproquement.

L'*excitation* gouverne la vie organique ou vie des plantes et la partie végétative ou inconsciente de la vie animale. Ce qui caractérise cette seconde forme de la causalité, c'est l'absence des signes distinctifs de la cause proprement dite. Ici l'action et la réaction ne sont pas égales et l'intensité de l'effet ne résulte pas, à tous ses degrés, de l'intensité de la cause ; au contraire l'effet peut être diminué alors que la cause est renforcée.

Le *motif,* troisième forme de la causalité, dirige la

vie animale, c'est-à-dire les actes extérieurs accomplis avec conscience par les animaux. Le « medium » des motifs est la connaissance, donc la connaissance est le caractère distinctif de l'animalité. L'animal se meut toujours vers un but, il faut donc qu'il connaisse d'abord ce but, et on peut définir l'animal : ce qui connaît. Le motif agit sur l'individu tout autrement que l'excitation : il n'a besoin, pour agir, que d'un instant très court, car son efficacité n'est point, comme celle de l'excitation, proportionnée à sa durée et à la proximité de l'objet, il lui suffit d'être perçu. L'excitation, au contraire, pour agir sur un individu, a besoin d'être en contact avec lui, souvent même d'être absorbée, et si on nous permet ce néologisme, intussusceptée par lui ; jamais enfin elle ne peut se passer d'une certaine durée. Ces différentes formes de la causalité résultent des différences de sensibilité chez les divers êtres : plus la sensibilité est grande, plus l'action de la cause peut être légère ; il faut un choc pour mouvoir la pierre, l'homme obéit à un signe.

La première classe d'objets comprenait ces représentations intuitives, complètes et empiriques que nous venons d'analyser et parmi lesquelles nous avons vu prendre place la notion de force qui doit faire le fond de notre étude ; nous verrons plus loin comment cette notion importante va se compléter dans le système de Schopenhauer.

La deuxième classe d'objets comprend les concepts ou représentations de représentations. Nous n'avons pas à insister sur ce qu'en dit ici Schopenhauer ; il suffira d'énoncer la forme du principe de raison suffisante qui leur est spécialement applicable, c'est la raison de connaissance : *principium rationis sufficientis cognoscendi.*

La troisième classe d'objets nous est fournie par la partie purement formelle des représentations intuitives et complètes : l'espace et le temps, ou intuitions *à priori* du sens extérieur et du sens intérieur. La loi d'après laquelle les parties de l'espace et du temps se déterminent réciproquement est la « raison suffisante de l'être » : *principium rationis essendi.*

La quatrième classe de représentions, la seule qu'il nous importe d'étudier, ne comprend pour chacun de nous qu'un objet, à savoir l'objet immédiat du sens intérieur, la *volonté*. Le sujet qui est moi, se sait non comme intelligence mais comme volonté ; il se connaît voulant, il ne peut se connaître connaissant, car le moi connaissant est le corrélat indispensable, la condition de tout objet ou représentation, il ne peut donc devenir représentation, objet lui-même : on ne peut connaître sa connaissance, car il faudrait pour cela que le sujet se séparât de la connaissance et pourtant qu'il la reconnût, ce qui est impossible. Mais, direz-vous, je ne connais pas seulement, je sais encore que je connais ; je réponds que connaître et savoir qu'on connaît sont deux expressions pour une chose unique. Dire : je sais que je connais, c'est ne dire rien de plus que : je connais.

D'autre part « je connais » signifie, nous l'avons vu : des objets sont pour moi, car être un objet est la même chose que être connu d'un sujet ; donc si l'objet est connu avec telles et telles qualités, il s'ensuit tout simplement que le sujet a telles et telles manières de connaître ; dire que les objets se partagent en quatre classes, c'est dire que le sujet a quatre facultés ou corrélats subjectifs de représentations. La faculté à laquelle répond la première classe de représentations est l'*entendement* ; la faculté des représentations de la deuxième classe est la *raison;* celle de la troisième, la *sensibilité;* celle de la quatrième et dernière, le *sens intérieur* ou conscience.

Les représentations que perçoit le sens intérieur sont des *volitions.* Ici encore nous avons une application nouvelle du principe de raison suffisante. En face d'une décision quelconque prise par nous ou par d'autres que nous, nous posons la question : pourquoi? C'est le *motif* qui répond à cette question. Il est l'antécédent nécessaire et la raison de la décision prise; nous voilà donc ramenés au principe de causalité qui régit les objets de la première classe ou le monde des intuitions; mais en même temps avec les motifs nous allons pénétrer plus avant dans le domaine de la causalité. En effet dans le monde de l'intuition extérieure, le principe de causalité n'est que le lien des changements, la cause n'est que la condition, venue du dehors, qui modifie l'objet; mais l'intérieur même de ces changements nous reste caché; le comment des causes mécaniques et physiques, la manière dont elles agissent, tout cela est un mystère pour notre esprit. Avec la conscience, nous entrons dans la nature intime de la cause : l'action des motifs n'est pas seulement, comme l'action des autres causes, connue du dehors et médiatement par les effets, elle est saisie du dedans par une vue immédiate. Ici nous sommes derrière les coulisses et nous surprenons le secret de la cause, c'est-à-dire la manière dont elle produit l'effet. Aussi pouvons-nous établir cette proposition importante : la motivation est la causalité vue du dedans. La forme qui régit ces manifestations nouvelles du principe de raison suffisante est la loi de motivation ou raison suffisante d'agir : *principium rationis sufficientis agendi.*

Avec cette nouvelle classe d'objets nous n'acquérons pas seulement de nouvelles et importantes données sur la nature intime de la cause, notre connaissance toute entière de l'univers est rectifiée et complétée; le *monde* nous apparaissait jusqu'ici comme un *ensemble de représentations,* il va se révéler à nous comme un *règne de volontés.* Voyons comment Schopenhauer s'élève à cette notion du monde aussi importante qu'imprévue.

CHAPITRE II

Le Monde comme volonté.

Jusqu'ici nous nous sommes bornés à étudier la représentation comme telle; nous avons ramené la représentation abstraite ou concept à la représentation intuitive comme à son fondement; mais nous ne savons encore rien du contenu même et du fond dernier de l'intuition, et cependant, nous l'avons vu, c'est l'intuition qui joue le premier rôle et tient la plus grande place dans notre vie. Il vaut donc la peine de l'examiner de plus près et de demander aux différentes philosophies et aux différentes sciences des renseignements précis sur sa nature intime et sur sa valeur.

Tout d'abord, si vous interrogez les philosophes sur le sens de la représentation intuitive, ils seront unanimes à vous dire, à l'exception des idéalistes et des sceptiques, qu'il y a, indépendamment et en dehors du sujet, un objet qui est le fondement de la représentation. Quant à nous, nous ne pouvons pas comprendre ce langage, puisque nous ne savons pas séparer un objet de sa représentation; ces deux choses n'en font qu'une à nos yeux. Ainsi les philosophies antérieures sont incapables de nous faire entrer dans le sens intime du monde des représentations.

Si maintenant nous interrogeons les sciences, quelle sera leur réponse? Considérons tour à tour les mathématiques et les sciences naturelles. Les mathématiques ne nous parlent que de grandeurs, c'est-à-dire de relations, toute grandeur étant relative, de comparaisons entre telle représentation et telle autre, mais quant à approfondir la nature même de ces représentations, ce n'est pas l'affaire des mathématiques, et, de ce côté, nous ne trouverons pas la solution cherchée.

Voyons alors les sciences naturelles : elles ont pour but de décrire les formes des choses (morphologie) ou bien d'expliquer leurs modifications (étiologie). La morphologie, qu'on peut définir la science des formes spécifiques et permanentes des êtres, comprend la botanique et la zoologie ; mais ces sciences s'en tiennent évidemment aux contours des choses et ne se préoccupent nullement de pénétrer leur essence cachée. Quant à l'étiologie ou science des causes (mécanique, physique et chimie, physiologie), elle ne donne jamais que la loi suivant laquelle les phénomènes se produisent dans tel temps et en tel lieu et ne s'inquiète pas davantage de la nature intime de ces phénomènes chimiques ou autres ; ce qu'elle détermine, ce sont les lois naturelles ; les forces naturelles restent encore mystérieuses comme des hiéroglyphes. Aussi loin que les sciences poussent leurs investigations, il y a toujours une inconnue qu'elles ne sauraient dégager, les forces naturelles leur sont impénétrables et cela, aussi bien dans leurs formes les plus simples comme la chute d'une pierre, que dans leurs formes les plus compliquées telles que la croissance d'un être vivant. Ces sciences, qui se contentent de poser des lois et laissent inexpliquée l'essence des êtres, sont comparables à des fragments de marbre : on distingue sur ces derniers différentes veines situées à côté les unes des autres, mais on ne peut suivre la direction de ces veines jusqu'au cœur même du marbre. Ou bien encore celui qui possède même complètement une de ces sciences étiologiques, ressemble à un homme qui, sans savoir comment, serait tombé dans une société de gens qui lui seraient parfaitement inconnus; les membres de cette société viendraient l'un après l'autre lui présenter qui son frère, qui son cousin, et penseraient qu'une telle présentation est suffisante; mais notre étranger, qui s'attend à faire d'agréables connaissances, s'écrie à chaque présentation : Que diable suis-je venu faire au milieu de ces gens-là? Il est aisé de voir d'ailleurs pourquoi les sciences étiologiques ne peuvent nous donner le mot de l'énigme; elles ne sont que des applications du principe de causalité; or, celui-ci n'a de valeur que pour les objets de représentation; il est donc, comme les objets eux-mêmes, relatif au sujet; il ne peut nous donner aucune indication d'une valeur absolue sur le monde extérieur, puisqu'il le montre toujours compris, c'est-à-dire modifié par le sujet. Faut-il donc que nous restions éternellement confinés dans l'enceinte du relatif et le monde ne nous apparaîtra-t-il jamais que comme notre représentation? Qui nous dit alors que c'est là le vrai monde, que c'est là tout le monde? Une curiosité insatiable nous pousse à chercher quelque chose, je ne sais quoi encore, au delà de nos représentations. Nous voulons à tout prix savoir s'il n'y a dans cet univers que des représentations, auquel cas l'univers tout entier ne serait que rêve et apparence, ce que nous ne pouvons encore nous décider à admettre. En tout cas, il y a dès maintenant pour nous une certitude : c'est que ce quelque chose que nous cherchons doit, s'il existe, être essentiellement différent de la représentation et des lois de la représentation; il est évident aussi que la méthode qui nous fera pénétrer dans l'intérieur des choses ne saurait être ce que j'appellerai la méthode extérieure; celle-ci, en effet, considérant les êtres du dehors, n'obtient jamais que des images et des noms; se servir de cette méthode pour entrer dans les replis des choses, comme ont fait avant nous tous les philosophes, c'est tourner autour d'un château sans en trouver l'entrée et s'amuser pendant ce temps à dessiner les façades. Quelle est donc la méthode qui nous donnera la clef d'entrée du château? C'est la *méthode intérieure* ou connaissance immédiate de l'individu par lui-même. Voyons donc comment se fait cette connaissance.

Le mot de l'énigme ne serait jamais trouvé si le chercheur était un pur sujet connaissant, par exemple une tête d'ange ailée et sans corps; mais il est un individu, c'est-à-dire il est à la fois esprit et corps, et par son corps il plonge ses racines dans le monde; car si son esprit connaît l'univers et en est comme le support dans ses intuitions, le point de départ de ses intuitions c'est le corps avec ses affections innombrables qui lui viennent du monde extérieur. Comment donc l'esprit connaît-il le corps? Si le corps est pour l'esprit une représentation comme une autre, un objet parmi d'autres objets, alors il restera dans son fond aussi étranger à l'esprit que les autres objets, il développera son activité suivant les motifs avec la régularité des lois naturelles et le sujet ne verra qu'une force comme une autre, c'est-à-dire une inconnue dans l'essence intime de son corps. Mais il n'en va pas ainsi : l'individu, ce composé d'un esprit et d'un corps, trouve le mot de l'énigme et ce mot est volonté. Tout acte de volonté est un mouvement du corps; entre les deux il n'y a pas un rapport de cause à effet, les deux ne font qu'un, c'est une même chose connue de deux façons : 1° indirectement dans l'intuition intellectuelle; alors le corps est un objet comme un autre pour l'esprit; 2° immédiatement dans la conscience d'un acte volontaire ou mouvement corporel. Le corps tout entier n'est pas autre chose que la volonté rendue objective, devenue représentation. Schopenhauer l'appelle l'objet immédiat, l'objectivité de la volonté. Volonté et corps sont si bien les deux faces d'une même chose qu'on peut dire : la volonté, c'est la connaissance *à priori* du corps; le corps, c'est la connaissance *à posteriori* de la volonté. La connaissance que j'ai de ma volonté n'est pas seulement immédiate, elle est inséparable de celle de mon corps; en effet, je connais ma volonté, non dans sa totalité et son unité, mais dans ses actes particuliers qui sont les mouvements corporels : connaître la volonté comme objet, c'est connaître la volonté comme corps. Ce n'est que dans la réflexion, œuvre de raison non de volonté, que vouloir et faire sont deux, ils ne font qu'un dans la réalité. Tout ce qui agit sur le corps agit sur la volonté et réciproquement. Qu'est-ce que la douleur? Une affection du corps sans doute, mais c'est aussi une défaite de la volonté. Cette identité du corps et de la volonté établie ici *in concreto* par la conscience que nous avons de nos volitions et de nos mouvements comme d'une seule et même chose, peut être seulement transportée dans la connaissance abstraite; elle ne peut être démontrée ni dérivée d'une autre connaissance, car elle est ce qu'il y a de plus immédiat comme aussi de plus important; mon corps est l'objectivité *(die objectität)* de ma volonté, voilà la vérité philosophique par excellence (κατ' ἐξοχήν).

Maintenant dans quel sens faut-il entendre ici le mot volonté? Schopenhauer distingue, dans le domaine de la volonté, le caractère empirique du caractère intelligible. Mon caractère empirique est la manifestation, dans le temps, de mon caractère intelligible, lequel est immuable, donné une fois pour toutes. Mes volitions particulières et variables, ce que je veux en tel temps, dans tel lieu et dans telles circonstances, voilà ce qui constitue mon caractère empirique; ces actes de ma volonté d'une part s'expriment par les mouvements du corps, d'autre part sont régis par les motifs et, comme tels, soumis au principe de raison suffisante. Mais ma volonté en général, c'est-à-dire la maxime qui caractérise ma volonté dans son ensemble, est hors du domaine de la motivation, par conséquent de la causalité. Ma volonté en soi est soustraite au principe de raison suffisante, elle est sans raison (grundlos). Nous n'avons pas à exposer ici l'éthique de Schopenhauer; on y retrouvera [1] cette division kantienne de la volonté en caractère intelligible et en caractère empirique avec toutes ses conséquences morales intrépidément déduites; il suffit ici d'avoir établi ces deux degrés de la volonté: une volonté en soi, sans cause, immuable, et seulement intelligible; une volonté empirique, source de nos volitions particulières comme de nos mouvements corporels.

Laquelle de ces deux volontés est exprimée par le corps? Toutes les deux à la fois, si étrange que cela puisse paraître au premier abord. Le corps a deux manières d'être qui répondent aux deux faces de la volonté; on peut, comme la volonté, le considérer soit dans son ensemble, dans ce qu'il a de général, soit dans

[1] Voir *le Fondement de la morale* (traduction de A. Burdeau, G.-Baillière, 1879) et l'*Essai sur le libre arbitre* (G.-Baillière, 1877).

ses actes particuliers; le corps, étant l'activité volontaire, se prête, comme elle, à deux explications; l'une inférieure par les causes, l'autre supérieure par l'essence; la première est étiologique, la seconde philosophique.

Voici ces deux explications parallèles. L'étiologie nous enseigne : 1° que les actes particuliers de la volonté s'expliquent par les motifs; 2° que les mouvements particuliers du corps, son affaiblissement, en un mot tout ce qu'il y a en lui de variable, s'explique par des causes physiologiques. Maintenant la philosophie, sans détruire cette double explication qui repose sur le principe de raison suffisante, apporte une explication plus haute qui affranchit à la fois la volonté et le corps du principe de raison suffisante. La philosophie nous enseigne que : 1° au-dessus du caractère empirique il y a le caractère intelligible, ce dernier invariable, sans cause et seulement manifesté par les actes du premier; 2° l'être même du corps, l'ensemble de ses fonctions, « le corps en général », comme s'exprime Schopenhauer, c'est-à-dire ce qu'il y a d'uniforme et de fixe dans tout corps humain, tout cela est l'objectivation de la volonté en soi, l'expression, immuable comme lui, du caractère intelligible.

Le corps dans son ensemble, dit Schopenhauer, est à la volonté en soi, au caractère intelligible, ce que chaque mouvement du corps est au caractère empirique. Et il faut bien que le corps exprime ainsi, reflète fidèlement la volonté, car la volonté dans ses manifestations ne pourrait dépendre de quelque chose qui ne serait pas immédiatement et uniquement par elle, de quelque chose qui lui serait échu par hasard et dont elle devrait forcer l'obéissance. Nous admirons au contraire l'adaptation parfaite du corps humain et du corps animal à la volonté humaine et à la volonté animale : c'est que le corps n'est que la volonté rendue visible. Dès lors il n'est pas étonnant qu'il se prête aux intentions de la volonté, comme l'instrument se prête aux desseins de l'ouvrier. Les parties du corps doivent répondre aux appétits principaux par lesquels se manifeste la volonté. Ainsi les dents, le gosier, etc., ne sont pas autre chose que la faim objectivée, de même que les parties génitales sont l'objectivation du désir sexuel. Cette adaptation du corps à la volonté va si loin que, si le corps humain en général répond à la volonté humaine en général, le corps individuel répond à la volonté particulière de chacun, elle exprime son caractère, ce qui fait qu'il est lui, un seul entre tous.

Ainsi derrière les volitions particulières, ou, ce qui revient au même, derrière les mouvements corporels qui font partie du monde des représentations, il y a un monde nouveau, invisible pour qui veut le regarder du dehors, le monde de la volonté, qui échappe aux lois de la représentation et qui nous révèle à nous-mêmes dans notre fond dernier ; c'est le corps qui est l'intermédiaire et le lien entre ces deux mondes, car il appartient aux deux; d'une part il est un objet ou une représentation pour le sujet connaissant, et d'autre part il est la volonté matérialisée, l'être intérieur extériorisé, et ses deux natures unies dans un même être constituent pour Schopenhauer l'individualité.

Ce même corps, qui nous apprend tant de choses sur nous-mêmes, ne nous dira-t-il rien sur les êtres autres que nous, et l'individualité, cette volonté faite corps, est-elle le privilège de l'homme? Bien au contraire : cette connaissance double que nous avons du corps, de ses actes et de son essence à la fois, nous permet de comprendre par analogie tous les objets qui, en tant que représentations, ne nous sont pas connus de deux façons comme le corps; de même aussi, quand nous avons écarté tout ce que nous pouvons nous représenter en eux, il reste encore leur essence, leur être intérieur, qui échappe à toute représentation. Que sera cette essence de tous les êtres sans exception? Puisqu'elle n'est pas représentation, car alors le monde ne serait qu'une vaine apparence, elle ne peut être que volonté, puisqu'en dehors de la représentation et de la volonté nous ne connaissons rien et ne pouvons rien connaître. Force nous est de douer tous les êtres de la plus grande réalité à nous connue, la volonté. De la sorte l'homme n'est plus une exception dans l'univers, un ἅπαξ λεγόμενον dans le grand livre du monde, mais tous les êtres sont, comme lui, représentation par le dehors, par leurs attributs visibles, volonté par le dedans, par leur essence invisible.

Les voilà donc enfin définies, ces forces naturelles restées jusqu'ici lettre close pour les savants et aussi pour les philosophes antérieurs qui unanimement étudiaient les objets et eux-mêmes en allant du dehors au dedans et n'arrivaient jamais par ce chemin à percer l'écorce des choses et à découvrir l'essence suprême, identique pour tous les êtres malgré la variété des costumes, la Volonté. Mais qu'on ne se méprenne pas sur le sens que nous donnons au mot volonté : nous n'entendons pas désigner par là la volonté *humaine* en ce qu'elle a de spécifique, c'est-à-dire en tant qu'elle est guidée par des motifs abstraits sur lesquels l'homme délibère ; nous négligeons au contraire dans la volonté ce qui est spécial à l'homme, nous prenons simplement, dit en propres termes Schopenhauer, l'essence immédiatement connue de cette chose qu'on nomme volonté, nous la mettons à part et nous la transportons aux manifestations inférieures et moins claires de la volonté; nous expliquons ainsi l'inférieur par le supérieur, contrairement aux procédés illogiques du matérialisme.

Les forces naturelles et la volonté sont des espèces d'un même genre; si, pour nommer ce genre, je me sers d'une *denominatio à potiori*, si je l'appelle volonté et non pas force, c'est qu'il est naturel de ramener ce qui est moins connu à ce qui est plus connu; or rien ne nous est mieux connu parce que rien ne nous est plus immédiatement connu que la volonté. Le concept de force en effet est tiré du monde des représentations, du monde où règnent la cause et l'effet et on sait que la représentation, loin de nous faire pénétrer dans la nature cachée de la cause, nous donne seulement sa liaison visible avec l'effet; le mot volonté au contraire est un mot magique qui nous fait entrer au cœur même et de la cause et de l'effet et nous découvre le dessous des choses. C'est pourquoi nous ne disons pas : la volonté est une force, mais : toute force est volonté.

Quel est le chemin que nous avons parcouru? Nous avons considéré d'abord le monde comme représentation, et ce premier regard jeté sur le monde nous a fait connaître la représentation comme soumise au principe de raison suffisante dans le domaine de l'expérience et de la science. Puis le monde nous a apparu comme volonté et les êtres qui peuplent le monde, comme autant d'objectivations de la volonté. Intelligence et volonté semblent donc au premier abord se partager l'empire du monde. Mais si nous étudions de plus près les rapports de l'intelligence et de la volonté, nous reconnaîtrons que la première est la servante de la seconde. Avec l'animal surgit dans le monde l'intelligence qui se met aussitôt au service de la volonté; c'est elle qui assure l'entretien de l'animal, car sans elle il ne pourrait se nourrir n'ayant pas reçu en partage cette infaillibilité qui conduit sûrement à ses fins l'aveugle matière. Mais l'intelligence restera-t-elle éternellement dans cet état de domesticité, sera-t-elle toujours la vassale, l'instrument, μηχανή, de la volonté? Il y a pour elle un moyen de s'affranchir chez l'homme, c'est de devenir la connaissance artistique.

Dans l'animal, l'intelligence reste éternellement au service de la volonté; aussi voyez-le marcher la tête courbée vers la terre et toujours en quête de nourriture: ici la tête n'apparaît que comme une partie, un appendice du tronc; dans l'homme au contraire la tête n'est que soutenue par le tronc, elle n'est pas là pour servir celui-ci, elle est là pour elle-même. Voyez l'Apollon du Belvedère : comme la tête est libre, comme elle regarde avec aisance autour d'elle, dominant, oubliant même le corps auquel elle attachée. Peut-on mieux symboliser l'affranchissement de l'intelligence chez l'homme? Voyons donc comment se fait cet affranchissement, voyons comment l'intelligence brise les liens qui l'enchaînaient au service de la volonté?

Jusqu'ici nous avons vu le principe de raison suffisante gouverner, sous ses quatre formes principales, le monde des représentations; c'est que principe de raison suffisante et individualité sont inséparables et nous n'étions jusqu'ici que des individus qui considéraient en dehors d'eux une multiplicité d'individus. Mais les *idées* sont inaccessibles aux individus, parce qu'elles sont elles-mêmes, non pas des choses individuelles et éphémères, mais les formes générales et éternelles des choses. « les forces naturelles » et essentielles que nous avons soigneusement distinguées et des changements et de leurs causes passagères ; ce n'est pas, nous l'avons vu, l'étiologie, mais la métaphysique qui atteint les forces naturelles, les idées permanentes ; si donc l'homme parvient à connaître le général, l'essentiel des choses, ce ne peut être qu'à condition de perdre ce qu'il y a en lui d'individuel, ce qui fait obstacle à la vision de l'idée. Sans doute l'idée n'est pas encore la chose en soi, car elle peut être connue, être par conséquent un objet pour un sujet, ce que ne saurait être la chose en soi, laquelle est affranchie de toutes les formes sans exception de la connaissance, même de celle qu'on peut énoncer ainsi : être un objet pour un sujet. L'idée au contraire, étant nécessairement représentation, est, pendant un court moment du moins, le moment de l'inspiration artistique, un objet pour un sujet ; mais c'est là la seule forme de représentation que revête l'idée ; les autres formes qu'embrasse le principe de raison suffisante, l'idée les repousse, car si elle n'est pas la chose en soi, elle en est du moins l'objectivation immédiate et la plus adéquate possible. On pourrait dire d'elle qu'elle est la volonté représentée, tandis que les phénomènes ne sont que la représentation médiate, secondaire de la volonté. L'homme, pour arriver à connaître l'idée, cette forme générale des choses, doit devenir semblable à elle ; il faut qu'il y ait dans le sujet une transformation correspondante au changement qui s'est fait dans l'objet ; l'objet était particulier, individuel jusqu'ici ; il est devenu général, universel ; il faut donc que le sujet, pour connaître l'idée, cesse d'être un individu. C'est l'intuition qui opére ce miracle.

Si, dédaignant les rapports d'utilité que les choses ont avec ses besoins individuels, renonçant par conséquent à la connaissance relative, à celle qui répond au pourquoi et au comment, et si en outre négligeant la connaissance abstraite de la raison, l'homme se donne tout entier à l'intuition des objets, il se sent peu à peu envahir par la contemplation tranquille de ces objets, arbre, rocher ou paysage ; il s'enfonce de plus en plus dans cette contemplation et finalement se perd dans l'objet même, oublie sa propre individualité, sa volonté même pour n'être plus qu'un pur sujet, le miroir parfait de l'objet ; alors c'est comme si l'objet était là sans quelqu'un pour l'apercevoir, tant l'objet et le sujet se confondent, ne font qu'un dans l'intuition, tant la conscience est pleine d'une seule image qui l'absorbe tout entière. Ici l'objet est unique, il est contemplé pour lui-même et pour lui seul et par là il sort de toute relation avec d'autres objets ; et le sujet de même, étant tout entier à sa contemplation, n'a plus aucune relation avec la volonté, ne connaît plus même les besoins de l'individu ; objet et sujet sont délivrés de toute relation, de toute dépendance ; ils sortent même du temps, ce domaine du particulier, de l'individuel, du relatif ; il n'y a plus rien ici de particulier ni dans le sujet, ni dans l'objet ; c'est un esprit pur, libre, extemporel, sans besoins, c'est-à-dire sans douleurs, qui contemple une forme éternelle, générale, c'est-à-dire ce qui est le plus près de la chose en soi ; l'objet affranchit ainsi le sujet des besoins, et par conséquent de l'empire de la volonté, l'intelligence est hors de page.

C'est dans ce passage à l'idée que d'une part surgit pleinement et dans toute sa pureté le monde comme représentation, et que d'autre part s'opère la parfaite objectivation de la volonté, car l'idée seule est son objectivation adéquate. Nous ne sommes plus ici dans le domaine du temps et de l'espace, car nous avons quitté le royaume de l'individualité et du principe de raison suffisante; ce n'est plus le moi individuel, c'est le pur sujet connaissant qui contemple l'idée et devient, comme elle, extemporel et inétendu; c'est ce qu'entrevoyait Spinoza quand il écrivait ces mots : « *mens æterna est quatenus res sub æternitatis specie concipit.* » Qu'on n'oublie pas d'ailleurs, en lisant l'esthétique de Schopenhauer, que, conformément aux principes idéalistes posés dès le début, l'objet de la contemplation, même ici, n'est que la représentation du sujet; l'idée n'est que par le sujet qui la contemple; et à son tour le sujet, s'absorbant dans l'intuition de l'objet, devient cet objet même, car la conscience tout entière n'est que l'image très claire de l'objet; l'ensemble des idées de la conscience constitue tout le monde représenté. De même que sans objet je ne suis pas un sujet connaissant, mais une volonté aveugle, de même sans moi, sans un sujet connaissant il n'y a pas d'objet, il n'y a qu'une pure volonté. C'est cette volonté qui au fond se dédouble en sujet et en objet dans le monde des représentations; mais elle reparaît dans son unité dès que la représentation individuelle est supprimée et fait place à la contemplation de l'idée; dès lors la dualité disparaît, l'idée confond en elle sujet et objet, car elle est leur forme commune et éternelle.

Y a-t-il une science particulière des idées? Si nous considérons les sciences reconnues pour telles, histoire, sciences naturelles, mathématiques, nous voyons que toutes ont pour objet des relations de cause à effet ou des rapports de temps et d'espace; elles n'étudient donc que des formes diverses du principe de raison suffisante. Mais il y a une sorte de connaissance qui dédaigne les relations et ne s'attache qu'aux idées:

c'est l'art. Connaître les idées, voilà le premier pas, le commencement de l'art; faire partager cette connaissance aux autres, voilà la fin, le but dernier de l'artiste, et, notons le bien, c'est là un but qu'il atteint réellement, supérieur en cela au savant qui reste toujours en deçà du but; qui donc en effet parviendra jamais aux dernières limites de la science? autant vaudrait essayer d'atteindre en courant le point où les nuages coupent l'horizon. La science c'est le fleuve des phénomènes, fleuve sans repos et dont le lit se prolonge à l'infini, tandis que l'art arrache au torrent des phénomènes l'objet de sa contemplation, il le fixe, l'isole devant lui et ce qui n'était dans le torrent qu'un flot comme les autres, un simple fragment du tout, l'art lui donne l'éternité, il fait de ce fragment le représentant et comme le résumé idéal du tout; pour l'artiste la roue du temps s'arrête, les relations s'évanouissent, il ne reste plus que l'essence éternelle des choses ou l'idée. Tandis que la science est la ligne horizontale qui va à l'infini, l'art est une ligne perpendiculaire qui coupe la première en un point que choisit l'artiste; ou bien encore la science, c'est le torrent qui passe et emporte tout dans sa course rapide, l'art est le rayon de soleil qui luit immobile sur les flots mouvants; la science, c'est la cascade toujours bouillonnante et aux innombrables gouttelettes d'eau; l'art, c'est l'arc-en-ciel qui rayonne, tranquille et serein, sur le tourbillon.

La capacité de contempler les idées s'appelle le génie. L'homme de génie oublie, dans sa contemplation esthétique, et sa propre personne et les rapports des objets extérieurs avec sa personne; il ne se préoccupe plus de ce qui lui est utile ou nuisible, sa volonté n'a plus de but, il se dépouille de sa personnalité, il est tout à l'idée qui, en absorbant son attention, affranchit pleinement son intelligence des services que celle-ci doit rendre en temps ordinaire à la volonté; ce pur sujet connaissant est véritablement l'œil du monde qui réfléchit et fixe pour un temps ce que l'intuition n'avait fait qu'entrevoir rapidement, ce qui auparavant « flottait dans une vague et courte apparition ». Pour que le génie soit capable de cette contemplation supérieure et libératrice, il doit disposer de plus d'intelligence qu'il n'en faut pour servir la volonté, et c'est par cette intelligence surabondante et inemployée que nous nous expliquons l'activité impatiente du génie, son désir inquiet de rencontrer ses égaux ou de trouver tout au moins des objets dignes de lui, satisfaction qui manque rarement aux mortels ordinaires toujours sûrs de trouver leurs pareils.

Ainsi l'intelligence, qui s'était d'abord mise tout entière au service de la volonté, s'affranchit et s'émancipe peu à peu par la contemplation esthétique, et non seulement l'art a rendu l'intelligence indépendante de la volonté et de ses fins utilitaires, mais encore il l'a soustraite au principe de raison suffisante qui semblait jusqu'ici emprisonner la connaissance dans les liens indissolubles du relatif. Mais l'inspiration, la contemplation esthétiques sont de courte durée, l'intelligence ne jouit pas longtemps de cette vision du beau qui l'affranchit et l'ennoblit à la fois; elle retombe bien vite sous le joug de la volonté, car c'est la volonté qui est l'homme même. Nous voilà donc ramenés à cette volonté que nous avons trouvée au fond de nous-mêmes et dont le corps nous a donné l'image sensible; il s'agit maintenant de l'étudier dans sa nature intime et d'en approfondir les caractères; celui qui veut déchiffrer l'énigme du monde doit s'efforcer de comprendre parfaitement le sens du mot volonté, car c'est la volonté qui est le mot de l'énigme. Qu'est-ce donc en dernière analyse que la volonté ?

C'est la méthode intérieure qui nous a fait pénétrer au cœur même du monde représenté et nous a donné le dessous des choses, leur essence intime, ou d'un seul mot, c'est la conscience individuelle qui nous a révélé la chose en soi, et cette chose en soi c'est la volonté. Si la volonté est la chose en soi, elle doit être d'abord, comme telle, antérieure et supérieure à l'intelligence. Mais on peut établir par des preuves ce que Schopenhauer appelle le primat de la volonté.

1° L'intelligence est le produit, l'action du cerveau [1]; mais le cerveau est lui-même, comme tout l'organisme, le produit, la manifestation de la volonté ; l'intelligence est donc moins que secondaire dans Schopenhauer, elle est tertiaire, puisqu'elle est l'expression d'un organe qui ne fait lui-même qu'exprimer la volonté.

2° Le fait seul de la conscience implique le primat de la volonté. La conscience est essentiellement connaissance ; mais toute connaissance suppose un objet connu et un sujet connaissant ; si donc nous étions une pure intelligence, nous n'aurions pas conscience de nous-mêmes, car l'intelligence est semblable au soleil qui ne saurait éclairer l'espace s'il n'y avait dans l'espace des objets qui réfléchissent sa lumière ; le sujet connaissant ne peut de même s'éclairer, se connaître lui-même ; il faudrait pour cela qu'il devînt l'objet connu d'un autre sujet connaissant et ainsi à l'infini. Quel est donc cet objet connu et connu de nous-mêmes qui rend possible

(1) *Le Monde comme représentation*, etc., vol. II, 224.

la conscience? c'est la volonté. C'est le connu en effet qui dans toute connaissance est primaire, essentiel, non le connaissant, c'est l'objet qui est le *prototype* dont le sujet n'est que l'*ectype*. La volonté est comme la corde vibrante dans l'instrument de musique, l'intelligence n'est que la boîte résonnante; le son qui résulte du concours de ces deux choses est la conscience.

Avoir divisé ainsi en ses deux parties le moi que l'on considérait jusque-là comme indivisible, c'est, selon Schopenhauer, un très grand service qu'il a rendu à la philosophie, un service aussi important que le fut pour la chimie la décomposition de l'eau en oxygène et hydrogène. Cette division de la conscience en deux éléments hétérogènes, intelligence et volonté, doit faire époque; la volonté d'une part, voilà le métaphysique, la chose en soi; la connaissance d'autre part, voilà le physique, le phénoménal; « par là a été inaugurée la vraie métaphysique aussi opposée au matérialisme qu'au spiritualisme. » (1)

3° La base de toute conscience (die Basis jedes Bewustseins) est le vouloir avec ses différentes manifestations : désir, aversion, plaisir, douleur, etc.; « c'est par ce fond même de son être que l'homme est semblable au polype; » si nous avons pour les animaux une sympathie si prompte, c'est parce que nous comprenons immédiatement d'après nous-mêmes leurs faits et gestes. Au contraire ce qui fait que les êtres expriment si diversement par leurs actes leur essence, pourtant commune, c'est seulement la diversité infinie des intelligences. La volonté est donc le fait premier, essentiel, l'intelligence n'est qu'un accident, un pur instrument

(1) *Memorabil.* 367.

au service de la volonté, instrument qui, d'après les exigences de celle-ci, est plus ou moins parfait et compliqué.

4° Si nous descendons l'échelle des êtres, nous voyons l'intelligence décroître peu à peu, mais nulle part nous ne rencontrons une telle dégradation de la volonté; celle-ci est partout identique à elle-même, partout elle se manifeste comme un ardent attachement à la vie: même dans le plus petit insecte la volonté est parfaite, présente tout entière, car ce que l'insecte veut, il le veut aussi résolument, aussi pleinement que l'homme. Il ne diffère de l'homme que par ce qu'il sent, donc par les motifs de son vouloir et les motifs sont affaire d'intelligence. La volonté n'admet pas de degrés dans son essence, mais seulement dans ses impulsions qui vont de la plus faible excitation à la passion la plus violente. Voyez l'intelligence au contraire: de l'animal le plus stupide jusqu'à l'homme que de degrés intermédiaires! et dans l'humanité même quelle distance du sot à l'homme de génie! Considérez en outre ces deux facultés dans la délibération: l'intelligence hésite, pèse le pour et le contre, lentement, minutieusement, et le pénible résultat de ses délibérations, à peine l'a-t-elle présenté à la volonté que celle-ci, jusque-là tranquille et oisive comme un sultan au fond de son palais, sort de son silence et décide d'un coup et toujours d'une façon souveraine. Et puis, comme la volonté se moque parfois de l'intelligence! comme elle lui cache son jeu! elle peut entretenir pendant des années un désir inavouable et le cacher à l'intelligence, parce que la bonne opinion que nous avons de nous-mêmes aurait trop à souffrir de l'aveu; mais que ce désir soit tout à coup satisfait, nous nous apercevons alors à la vivacité de notre joie, mais non sans honte, que ce qui vient d'arriver nous le souhaitions depuis longtemps, par exemple la mort d'un parent riche.

5° L'intelligence se fatigue, la volonté est infatigable. Toute connaissance en effet est attachée à un effort, tandis que la volonté est notre être propre qui s'exprime et se développe sans aucune peine et comme de lui-même [1]; qu'on lise par exemple ce que Cabanis dit des manifestations de la volonté, telles que sentiments et passions: « Toutes ces passions, qui se succèdent d'une manière si rapide, et se peignent avec tant de naïveté, sur le visage mobile des enfants...; tandis que les faibles muscles de leurs bras et de leurs jambes savent encore à peine former quelques mouvements indécis, les muscles de la face expriment déjà par des mouvements distincts presque toute la suite des affections générales propres à la nature humaine, et l'observateur attentif reconnaît facilement dans ce tableau les traits caractéristiques de l'homme futur. » (*Rapports du physique et du moral*, vol. I, p. 123.)

L'intelligence au contraire se développe lentement, elle suit le développement du cerveau et de tout l'organisme qui tous deux sont ses conditions d'existence, car elle n'est qu'une fonction corporelle (eine somatische Funktion). Une preuve de cette surabondance de vie et d'activité dans le vouloir, c'est ce défaut que la nature a implanté en nous et que l'éducation a tant de peine à corriger : la précipitation. L'intelligence, avec sa froide circonspection, avec ses tergiversations infinies, voilà le mors et les rênes de ce cheval indompté qui s'appelle la volonté. Dans le genre d'aberration que

(1) *Le Monde comme volonté*, II, 236.

Schopenhaeur appelle la *Mania sine delirio,* la volonté a perdu le mors et la bride et elle révèle alors sa nature originelle par ses élans impétueux. Cette nature de la volonté est aussi étrangère à la nature de l'intelligence qu'un mors est lui-même étranger au cheval qu'il sert à conduire. On peut encore, dans le cas précité, comparer la volonté à une pendule qui, privée d'une certaine vis, part tout à coup avec bruit et bat la campagne. Tous ces exemples prouvent surabondamment que la volonté est dans tout être le métaphysique et le primitif; l'intelligence, le physique et le secondaire. Comme toute chose physique, l'intelligence est soumise à la loi d'inertie, elle n'est mise en branle que par la volonté qui est l'énergie même; paresseuse de son naturel, l'intelligence demande fréquemment à se reposer, et si on la surmène, on se prépare une vieillesse prématurée ou folle; c'est ce qui arriva à Swift qui avait fini par radoter, à Kant qui tomba en enfance, à Walter Scott, à Wordsworth, Southey, dont l'intelligence s'hébéta peu à peu. Voyez Gœthe au contraire: il garda jusqu'au bout la lucidité et la force de son intelligence, parce qu'en sa qualité d'homme du monde et de courtisan il ne violentait pas son esprit, ne le surmenait pas par des travaux excessifs. Même remarque sur Wieland et Voltaire. Si l'intelligence était en nous l'essence même et le *primum movens,* comment cette essence pourrait-elle se tromper si souvent et s'affaisser si vite?

La volonté veille sans cesse; c'est elle qui dans le sommeil prend soin du corps, c'est elle qui est la *vis medicatrix naturæ.* Elle a placé le cerveau au sommet du corps comme une simple vedette destinée à surveiller le corps par la fenêtre des sens et à avertir la volonté des dangers que court l'organisme: cette vedette demande bien vite à être relevée de ses fonctions et quand vient la nuit, c'est elle seule, c'est-à-dire le cerveau, qui dort d'un profond sommeil; ne savons-nous pas que tous les grands penseurs ont été de grands dormeurs? Il suffit de citer Montaigne, Descartes et Kant.

Ces défaillances de l'intelligence d'une part, et d'autre part cette éternelle jeunesse de la volonté s'expliquent aisément si on admet que l'intelligence est une pure fonction du corps, tandis que le corps est une fonction de la volonté ; celle-ci précède donc le corps, en est le *substratum* métaphysique, communique son activité au cœur, ce *primum mobile,* et du cœur à toutes les parties de l'organisme.

La volonté est immuable dans ses œuvres : ce qu'elle a voulu une fois, elle le veut toujours et toujours plus: c'est elle qui fait l'identité de la personne, c'est son caractère inaltérable qui se reflète dans l'expression du regard toujours semblable à lui-même chez un même individu ; c'est dans le cœur, ce symbole vivant de la volonté, qu'est véritablement tout l'homme avec son originalité, sa valeur propre, et non pas dans la tête où le passé s'efface devant le présent, où les pensées les plus hétérogènes se succèdent sans laisser de trace.

De ce que la volonté est la *chose en soi,* nous avons conclu qu'elle est antérieure et *supérieure à l'intelligence*.

Un second caractère de la volonté qui découle aussi de sa nature même, c'est l'*unité*.

La volonté est une. En effet, comme chose en soi, elle est en dehors du temps et de l'espace et par conséquent de la pluralité qui résulte, nous l'avons vu, de l'accord de l'espace et du temps. La volonté est une, et partout où elle est, elle est tout entière dans son indestructible unité; elle est, pourrait-on dire, toute en tous; elle se révèle aussi entière dans un chêne que dans un million de chênes; si un seul être venait, par impossible, à s'anéantir, avec lui disparaîtrait le monde entier, car le plus petit des êtres porte dans sa chétive existence la volonté et sa fortune. Ainsi le mystique Angelus Silésias disait avec raison : « Je sais que sans moi Dieu ne peut pas vivre un seul instant. Que je meure, et son esprit meurt avec moi. » S'il est vrai que la chose en soi ne s'éparpille pas dans l'infinité du monde, mais s'enferme elle-même dans son inaltérable unité, la sagesse consiste alors non à étendre la connaissance, mais à l'approfondir, non à mesurer et à compter les êtres qui peuplent le monde, mais à scruter et sonder à fond un seul être et à lui arracher son secret, c'est-à-dire le secret de l'univers caché dans sa nature intime.

Veut-on des preuves de cette unité parfaite de la volonté? Tout d'abord, il y a dans l'infaillibilité des lois naturelles quelque chose qui nous étonne et nous émeut. Pourquoi à telle cause succède toujours tel effet? Il y a, semble-t-il, entre une cause et son effet, le même rapport mystérieux qu'entre un signe cabalistique et l'apparition de l'esprit que ce signe a évoqué. C'est ici que nous mesurons la profondeur du kantisme qui fait du temps, de l'espace et de la causalité, non des propriétés de la chose en soi une et immuable, mais de pures formes de notre connaissance. Dès lors, notre étonnement, en face de ces milliers de phénomènes obéissant à une seule et même loi, ressemble à celui d'un enfant qui regarderait une fleur à travers un verre à mille facettes et en verrait un nombre infini de pareilles : notre connaissance est pour nous comme un verre à facettes qui nous fait voir des milliers de forces là où il n'y en a qu'une; si toutes ces forces apparentes obéissent à une seule et même loi, c'est qu'elles ne sont que les manifestations infinies d'une volonté une qui reste partout identique à elle-même.

Cette unité de la volonté n'éclate-t-elle pas, d'ailleurs, dans la parenté évidente des êtres qui la manifestent? C'est aux Français, dit Schopenhauer, que revient l'honneur d'avoir montré l'unité de plan qui règne dans le monde des êtres organisés; cette uniformité de « l'élément anatomique » ne prouve-t-elle pas que tous ces êtres sont fils d'une même volonté ?

Enfin le même étonnement qui nous saisit en face de l'infaillibilité des causes efficientes, nous l'éprouvons encore devant la régularité des causes finales; l'accord merveilleux de ces dernières s'explique très naturellement par l'unité de la volonté qui va toujours droit à ses fins.

Ainsi une volonté une meut intérieurement et accorde entre elles causes efficientes et causes finales, sans être elle-même d'ailleurs cause d'aucune façon, la chose en soi échappant par sa nature aux lois de l'espace, du temps et de la causalité. On voit la différence qu'il y a entre une cause et une force; la force n'entre dans le temps et dans l'espace, ne devient visible que par sa manifestation, la cause qui est du monde des phénomènes; c'est la cause, que nous connaissons qui seule est un objet pour un sujet; mais ce n'est pas la cause qui est l'âme du phénomène, ce n'est pas elle qui le produit au vrai sens du mot; elle fournit simplement à la force latente l'occasion de révéler son existence par un effet; toute cause, comme l'a vu avec profondeur Malebranche. est occasionnelle. Il y a même entre la volonté une par essence, et les causes qui l'expriment dans la multiplicité des individus, un intermédiaire : l'idée.

L'idée est, comme l'avait compris Platon, la forme éternelle, l'exemplaire des choses particulières; c'est une objectivation de la volonté et une objectivation d'autant plus haute que les individus qui représentent l'idée sont plus haut placés dans l'échelle des êtres: ainsi l'animal est, à un degré plus élevé que la plante, l'objectivation de la volonté. Il y a de la sorte une véritable hiérarchie des idées, c'est-à-dire en somme une hiérarchie de ces forces naturelles indestructibles qui sont autant de principes fixes de classification dans la science de la nature : une idée en effet ne peut pas se ramener à une autre, ni une force naturelle être déduite d'une autre force; s'il faut, comme le recommande Platon, voir l'unité dans la pluralité, il ne faut pas cependant, comme l'a fait remarquer l'auteur de la théorie des idées, sacrifier la pluralité à l'unité; il faut maintenir fermement les différences entre les classes d'êtres, quelques rapports que la science découvre entre elles. La science, par exemple, peut ramener le magnétisme à l'électricité et mettre l'unité là où nous n'apercevions que la diversité; mais il n'en est pas moins certain qu'il restera toujours des forces inexpliquées parce que les choses auront toujours leurs manières spécifiquement différentes d'agir, et que ces différences spécifiques maintiendront des barrières infranchissables entre les classes d'êtres qui diffèrent par leur idée.

Les rapports qui existent entre les idées ou espèces sont des rapports hiérarchiques et la suprématie que les idées supérieures possèdent sur les inférieures, elles la doivent à une victoire qu'elles remportent sans cesse sur ces dernières. Il y a en effet comme une lutte pour la vie entre les idées ou espèces différentes; chaque degré d'objectivation de la volonté, dit Schopenhauer, dispute aux autres le temps, l'espace et la matière; car s'il n'y avait pas combat dans les choses, tout serait un, comme l'a dit Empédocle.

Une idée supérieure n'arrive à se manifester qu'en absorbant en elle l'idée inférieure; elle s'assimile celle-ci après l'avoir domptée: dans cette lutte singulière, qui n'est autre au fond que la lutte de la volonté contre elle-même, les animaux dévorent les plantes, ils dévorent aussi leurs semblables moins bien armés qu'eux-mêmes dans ce combat pour l'existence qui devance la théorie de Darwin. Nous rencontrerons plus tard dans l'homme même cette lutte de la volonté contre elle-même; nous pouvons déjà l'observer chez les animaux et même dans la matière brute qui n'existe que par les lois antagonistes de l'attraction et de la répulsion, ainsi que l'a remarqué Kant. Mais comme il n'est pas de victoire sans combat, les forces inférieures défendent, tant qu'elles peuvent, leur droit à l'existence et par là, elles obligent les forces supérieures à déployer contre elles toute leur énergie; l'aimant entraîne sans doute le fer, mais le fer résiste grâce à la force qui est en lui, la pesanteur, et l'aimant, en brisant cette résistance, se fortifie lui-même. De même cette force organique, qu'on appelle la santé, ne nous donne le sentiment agréable de la victoire qu'après avoir triomphé des lois chimiques destructives; il en résulte que si, d'un côté, l'idée victorieuse se fortifie par la victoire même, elle n'arrive pourtant à se réaliser et à triompher définitivement qu'après avoir laissé dans la lutte une partie d'elle-même, ce qu'il fallait d'énergie pour vaincre les idées inférieures. Les plantes et les animaux, disait Jacob

Bœhm, sont à moitié morts, tant la victoire sur la nature brute coûte cher aux vivants.

Nous avons vu que la volonté est le fait premier, l'essence des choses; nous avons vu qu'elle est une, car c'est elle au fond qui lutte contre elle-même sur ces éternels champs de batailles des forces antagonistes; il nous faut essayer maintenant de déterminer d'une façon plus précise et surtout plus concrète, la nature propre de cette force unique, la volonté.

La volonté, considérée en soi, dit expressément Schopenhauer, est une *impulsion aveugle* et telle que nous la trouvons encore dans le monde inorganique et dans le règne végétal : (der Wille, welcher, rein an sich betrachtet, erkenntnisslos und nur ein blinder, unaufhaltsamer Drang ist. W. I, 323). Ce n'est que peu à peu et dans le règne animal qu'elle arrive par l'adjonction du monde comme représentation à la connaissance de son propre vouloir. Le monde comme représentation présente à la volonté le miroir où celle-ci se regarde et se reconnaît à ses degrés divers d'objectivation de plus en plus parfaite. C'est là seulement, dans le miroir fidèle des représentations, qu'elle apprend ce qu'elle veut; or, ce qu'elle veut est justement ce qu'elle voit, c'est-à-dire le monde lui-même, ce monde vivant et visible, expression et œuvre de la volonté. Qui dit volonté en effet, dit volonté de vivre (Wille zum Leben). Ainsi sans le savoir tout d'abord, et pourtant sans hésiter, la volonté veut ce monde visible qui l'accompagne aussi infailliblement que l'ombre suit le corps.

Le monde entier dans son infinie variété, voilà l'objectivation de la volonté dans son ensemble. Mais si nous considérons la volonté dans sa plus haute expression, l'homme, nous reconnaîtrons qu'elle va s'objectivant de plus en plus et s'affirmant avec une autorité croissante à mesure qu'elle s'élève de la vie individuelle à la vie de l'espèce. Au premier degré, c'est-à-dire dans l'enceinte même de l'individu, la volonté, après avoir créé le corps à son image, s'applique à entretenir son œuvre, en d'autres termes elle pourvoit aux besoins corporels, et comme elle a ici l'intelligence à son service, elle charge celle-ci de lui faire connaître les besoins du corps pour en faire les objets particuliers de son vouloir; elle met l'intelligence en quête des meilleurs moyens de satisfaire à ces besoins, et l'on voit alors l'homme concentrer toute sa pensée dans la recherche de l'utile et rien n'égale la gravité avec laquelle il pèse les bons et les mauvais côtés d'une chose, si ce n'est le sérieux que les enfants apportent à leurs jeux.

Mais la volonté, qui n'est autre chose que le vouloir vivre, n'a garde de se donner tout entière à ce soin mesquin, l'entretien des individus qui ne vivent qu'un jour; elle réserve le meilleur de son énergie pour rallumer et entretenir sans cesse la vie de l'espèce, car c'est l'espèce seule qui la préserve de mourir.

L'individu en effet n'est qu'un phénomène et, comme tel, il est soumis à la naissance et à la mort; n'appartient-il pas au domaine des représentations qui est tout entier régi par le principe de raison suffisante et par le principe d'individuation qui en découle? Mais si nous considérons la vie, non plus dans ses manifestations phénoménales, mais dans son essence, ou, comme le dit Schopenhauer, dans son idée, alors nous voyons qu'elle ne saurait être sujette ni à la naissance ni à la mort, car elle ne connaît ni le passé ni l'avenir, pures relations individuelles; la volonté est ce qui est, elle est un présent éternel, une réalité sans commencement ni fin, le *nunc stans* omniprésent et indestructible. C'est pour cela qu'elle ne se soucie que de l'espèce, l'espèce seule étant immortelle; quant à l'individu, cette apparition d'un jour, il n'a aucun prix pour elle et dès qu'elle s'en est servie pour continuer l'espèce, elle le supprime ou le laisse tomber dans le néant. Le maintien de l'espèce, voilà au fond l'unique souci de la volonté. Aussi voyez par quelles sollicitations pressantes elle pousse l'homme et l'animal à procréer, comme elle soustrait à la connaissance et assujettit à son seul empire les parties du corps destinées à assurer l'immortalité de la nature. Si, dans les plantes, les organes servant aux fonctions de la reproduction obéissent au pur attrait (Reiz), nous voyons de même que dans l'animal « les parties génitales sont le foyer de la volonté, tandis que la connaissance est reléguée au pôle opposé, dans le cerveau ». Que l'acte de la procréation soit la révélation la plus parfaite de la nature et de son être intime, c'est ce qu'ont bien compris les poètes et les philosophes anciens qui ont proclamé Eros le principe premier et le dieu du monde. Si vous jetez les yeux sur les sarcophages antiques, vous y admirerez des danses et des fêtes, partout de gaies peintures de la vie qui semblent crier au penseur attristé : « *Natura non contristatur!* » Console-toi de la mort de tes amis en pensant à l'immortalité de la Nature ; qu'est-ce en effet qui est mort en eux? le phénomène, l'individu, qui n'a ni consistance, ni durée ; mais ce qui n'est pas mort et ne saurait mourir, c'est le vrai fond de leur être, ce qui les rattache au grand tout, la chose en soi qui ne connaît pas le temps. La mort, « cette fin temporelle d'un phénomène particulier et temporel », met fin à l'illusion de l'individualité : « elle détruit l'erreur de l'individu, qui se croyait distinct du tout et séparait sa conscience du reste des choses. » Or l'immortalité personnelle est une impossibilité précisément parce que la vie individuelle est une illusion ; l'immortalité de l'individu dépend de la permanence de son corps, car nous savons que ce qui fait l'individualité, c'est l'union d'un corps et d'une âme ; or la matière et la forme corporelle se renouvellent sans cesse : que deviendrait donc, après la mort, la conscience qui est liée au corps individuel? déjà nous la voyons suspendue journellement pendant le sommeil. La mort est un sommeil pendant lequel on perd son individualité, tandis que le fond de notre être se réveille ou plutôt demeure éveillé. De même le soleil brille sans cesse, bien que la nuit il disparaisse à nos yeux. Qu'un homme redoute la mort et voie en elle son anéantissement, c'est comme s'il pensait que le soleil a le droit de se plaindre le soir et de dire : hélas! je me couche dans une nuit éternelle ! Mais le soleil de la vie fait rayonner sur le monde un midi éternel. On voit quelle serait l'erreur de l'homme qui, fatigué de l'existence, croirait mettre véritablement fin à son être en se donnant la mort ; le « suicide n'est qu'une inutile folie », puisqu'il ne supprime que la partie phénoménale, c'est-à-dire insignifiante et caduque de notre être, et laisse subsister la volonté qui est le tout de l'homme. L'animal, qui est plus près de la nature que l'homme, vit sans le moindre souci de la mort, et sa sécurité vient de de la conscience qu'il a d'être la nature même et de participer à son immortalité. L'homme seul a, dans ses concepts abstraits, la crainte du néant, mais s'il se demandait sérieusement une bonne fois ce que sont la naissance et la mort, il cesserait aussitôt de craindre celle-ci. La naissance n'est que la cause, occasionnelle comme toutes les causes, qui permet à la seule force véritable, la volonté, de s'exprimer à tel moment et en tel lieu ; mais de même que la naissance de l'individu n'a point créé la volonté, de même la mort de cet individu est parfaitement indifférente à la volonté qui ne meurt pas plus qu'elle n'était née avec lui. La génération ne sert qu'à maintenir l'unité de la chose en soi, qu'à entretenir le foyer de la volonté une; celle-ci peut se dépenser et se disperser impunément çà et là en étincelles fugitives, parcelles d'un feu qui ne s'éteint pas; ainsi nos individualités éphémères ne sont que des fragments d'un même homme qui sera, si on veut, l'idée de l'homme, cette objectivation suprême de la volonté; c'est ce qu'a très bien compris la Bible, en proclamant que nous sommes un en Adam, que nous avons été participants de son péché, et que nous en sommes comme lui punis par la mort; mais d'autre part nous sommes aussi identiques avec le Sauveur, nous sommes un en Christ qui nous sauve tous par son sacrifice et nous délivre du monde, c'est-à-dire du mal.

En résumé le monde peut être considéré de deux façons : vu du dehors il est représentation et dès lors il obéit à tous les principes qui rendent possible la représentation des phénomènes et avant tout au plus général de ces principes, le principe de raison suffisante. Vu du dedans, le monde est volonté et cette volonté, étant la chose en soi, est soustraite aux lois qui régissent la connaissance des phénomènes. Cette volonté est une, présente partout, infatigable malgré les actes incessants des corps qui l'expriment, immortelle en dépit de la mort des individus en qui elle s'est incarnée pour un instant, antérieure enfin et supérieure à l'intelligence qui est née seulement pour la servir. Plus nous nous élèverons au-dessus de la connaissance proprement dite comme dans l'art, plus nous renoncerons d'autre part à cette illusion qu'on appelle l'individualité, mieux aussi nous réussirons à écarter un coin du voile qui nous dérobe ce mystérieux Noumène pressenti par la méthode intérieure, le même au fond partout, mais que seul de tous les êtres l'homme parvient à entrevoir dans sa conscience et que seul de tous les philosophes Schopenhauer, il nous le dit du moins, a réussi à saisir dans son unité et a nommé de son vrai nom en imaginant le *monisme de la volonté.*

Démontrer que ce monisme n'est pas une doctrine aussi neuve que le prétend Schopenhauer, mais qu'il existe déjà, plus ou moins développé, dans les systèmes successifs de Kant, de Fichte et de Schelling, prouver que non seulement ces trois derniers philosophes ont tantôt proclamé nettement, tantôt chose curieuse ! admis sans le savoir et même en voulant l'exclure, la chose en soi, mais encore que cette chose en soi a été pour eux la volonté, tel est le but que nous nous sommes proposé dans les pages suivantes qui sont comme une histoire de la volonté en soi de Kant et de Schopenhauer.

DEUXIÈME PARTIE

LES ORIGINES DE LA PHILOSOPHIE DE SCHOPENHAUER : TRANSFORMATIONS DE LA CHOSE EN SOI, DE KANT A SCHOPENHAUER

CHAPITRE I

Kant.

Schopenhauer aurait pu écrire au frontispice de son grand ouvrage : « Nul n'entre ici s'il n'a lu la *Critique de la raison pure* et la *Critique de la raison pratique.* » Sans ces deux critiques, en effet, la philosophie de Schopenhauer n'existerait pas, car on peut dire, d'une manière générale que le Monde comme représentation se trouve en germe dans la *Critique de la raison pure*, et le Monde comme volonté dans la *Critique de la raison pratique*. Schopenhauer s'était, bien jeune, adonné à l'étude de Kant; il l'avait lu et relu en même temps que Platon sur les conseils de son maître Schulze; aussi retrouve-t-on quelques-unes des pensées fondamentales du philosophe grec et du philosophe de Kœnigsberg mêlées et fondues ensemble dans le livre du *Monde comme volonté et représentation,* lequel est, à ce point de vue, un criticisme platonicien. Mais plus que toute autre, la doctrine de Kant avait été pour lui ce qu'elle doit être, selon ses propres expressions, pour tout penseur qui le lit attentivement : « une renaissance spirituelle. » Ne reconnaît-il pas lui-même tout ce qu'il doit à son maître en écrivant cette phrase significative : « la philosophie de Kant est la seule dont notre doctrine suppose la connaissance approfondie. » La gloire la plus haute qu'ambitionne Schopenhauer, semblable en cela à Fichte, c'est d'être, de tous les héritiers de Kant, le seul qui ait bien compris sa pensée, le seul aussi qui l'ait heureusement complétée et corrigée, car il aspire à être un disciple intelligent et plus ami du véritable esprit kantien que Kant lui-même. Il a d'ailleurs fait preuve d'indépendance et de pénétration dans le remarquable *Essai sur Kant* qui accompagne son grand ouvrage, et si, dans certains endroits de ses œuvres, il admire son maître plus qu'il ne le comprend, tandis que dans d'autres, il le critique tout en l'imitant, toutes choses qui ressortiront de notre étude, dans cet Essai il fait, sur les principaux résultats de la *Critique de la raison pure,* des remarques fines et justes, exprimées en un langage clair et facile qu'on aimerait rencontrer plus souvent chez les philosophes de son pays et en particulier chez Kant lui-même (1).

Schopenhauer prétend ignorer tout ce qui s'est dit en philosophie entre Kant et lui et se rattacher immédiatement à Kant : « la vraie et sérieuse philosophie en est encore au point où Kant l'a laissée. » Nous verrons plus loin s'il est vrai que Fichte et Schelling n'aient pas existé pour Schopenhauer ; ce qui est incontestable, c'est que le retour au kantisme, qui est un des traits dominants de la philosophie allemande contemporaine, est surtout l'œuvre de Schopenhauer. Sans doute, on peut expliquer ce réveil du criticisme, en premier lieu par les violentes attaques dirigées contre l'absolu de Hégel, lesquelles aboutissaient à une réhabilitation du relatif, c'est-à-dire de ce qui est, en un sens, le fond du criticisme ; en second lieu, par le profond discrédit où était

(1) Nous nous proposons d'examiner dans un travail spécial cet Essai de Schopenhauer.

tombé le matérialisme vulgaire; la matière était enfin réduite à n'être plus qu'un concept de l'esprit, quelque chose de purement subjectif, de relatif à nous-mêmes; c'était encore revenir au subjectivisme de l'auteur de la *Critique*. Mais au fond, l'honneur de cette double résurrection de l'esprit critique revient surtout à Schopenhauer; en effet, d'une part il n'a pas assez de railleries, d'outrages même pour la philosophie de Hégel, pour ce qu'il appelle la Hégélianerie (die Hegelei), et d'autre part, il combat avec acharnement et le plus souvent avec autant d'esprit que de raison, les ridicules prétentions du matérialisme (¹); enfin, la conclusion de sa double attaque contre les excès tant de l'Idéalisme que du Matérialisme, c'est qu'il faut revenir à Kant, c'est qu'il faut lire la *Critique de la raison pure*, qu'on négligeait alors, qu'on a étudiée et commentée depuis, on sait avec quel soin religieux : le conseil de Schopenhauer a porté ses fruits (²).

Notre dessein n'est pas de relever, du moins dans le présent ouvrage, tous les points importants sur lesquels Schopenhauer reproduit ou corrige la pensée de Kant : nous voulons uniquement montrer ce que Schopenhauer a emprunté, qu'il l'avoue, et nous pouvons ajouter, qu'il le sache ou non, à Kant d'abord, puis à Fichte et à Schelling, pour construire sa théorie de la volonté, qui fait l'originalité de son système. Ainsi, la question très spéciale que nous devons chercher à résoudre tout d'abord est celle-ci : Quelle est la part qui revient à

(¹) Voir p. 5.

(²) Kuno Fischer sagt in der Vorrede zu seinem Buche über Bako, « sich in der Philosophie orientiren heisse heut zu Tage nichts Anderes als die Kantische Philosophie aufs Gründlichste studieren. » Recte. Aber meint Kant, dass er ohne mich dergestalt rehabilitirt sein würde? Ne, mein alter, wahrhaftig nicht. » Lettre de Schop. à Frauenst. (*Memor*, 702).

Kant dans la philosophie de la volonté telle que l'a exposée Schopenhauer?

Le monde est essentiellement volonté, tel est le fond de la métaphysique de Schopenhauer; il y a derrière les phénomènes des choses en soi et ces choses en soi sont la volonté que les phénomènes ne font que manifester. Ainsi, d'une part on proclame l'existenee de la chose en soi, et d'autre part on choisit de préférence parmi les facultés humaines la volonté, pour lui donner le rôle prépondérant et, pour ainsi dire, l'empire du monde. En ces deux points essentiels Schopenhauer est kantien, bien qu'il le soit à sa manière. La chose en soi, en effet, c'est le noumène de la *Raison pure,* et la volonté prépondérante de Schopenhauer, c'est le primat de la volonté de la *Raison pratique.*

Il vaut la peine, ce nous semble, de rechercher avant tout ce qu'ont été exactement pour Kant le noumène et le primat de la volonté; nous verrons ensuite, ou plutôt nous rappellerons ce qu'ils sont devenus dans la philosophie de Schopenhauer.

Mais avant d'étudier séparément ces deux points particuliers de la philosophie de Kant, il est indispensable de déterminer en quelques mots, aussi brefs mais aussi précis que possible, le vrai caractère de la révolution kantienne, telle du moins qu'elle nous apparaît. Ces réflexions sommaires sur ce qui fait l'originalité du criticisme paraîtront d'autant mieux à leur place ici, qu'elles vont nous montrer comment, sur le chemin du réalisme, Kant est allé jusqu'à la chose en soi, et qu'elles nous amèneront, en outre, à apprécier le jugement que Schopenhauer lui-même a porté sur la philosophie de Kant.

« Le plus grand service que Kant ait rendu à la philosophie, dit Schopenhauer, c'est d'avoir séparé le phénomène de la chose en soi [1]. » C'est se méprendre absolument sur le but et la portée de la révolution kantienne que de la juger ainsi : le kantisme resterait ce qu'il est si on en retranchait la distinction du phénomène et de la chose en soi [2], car cette distinction ne lui est pas essentielle, elle n'a même fait, nous le montrerons plus loin, qu'ajouter au système une erreur qui a été des plus fatales à Kant et à ses successeurs. « Le plus grand service rendu par Kant à la philosophie, » l'originalité, et comme dit ailleurs Schopenhauer, l'âme (die Seele) du kantisme, tout cela, bien loin d'être dans la distinction, presque aussi vieille que la philosophie, entre l'être et le paraître des choses, est essentiellement dans une méthode nouvelle qu'on ne saurait mieux caractériser que par le mot même de Kant, une méthode critique. Le résultat principal, et vraiment nouveau de cette méthode, de cet examen critique, c'est d'avoir fondu en un système indissoluble deux doctrines qui d'ordinaire s'opposaient l'une à l'autre, et qui dans le kantisme, se conditionnent au contraire et se supposent réciproquement : Kant a réconcilié ces deux ennemis éternels, le phénoménalisme et le rationalisme, et son système est, à cause de cela, un rationalisme phénoménaliste ; on pourrait l'appeler également une métaphysique de l'expérience. Que voyons-nous dans l'histoire de la philosophie au XVIIe et au XVIIIe siècle ? D'une part nous trouvons le réalisme généralement uni au rationalisme [3] : il y a une connaissance rationnelle et cette connaissance nous donne la réalité tout

(1) *Kritik der Kantischen Philosophie*, 491.
(2) Comme l'a fait, on le sait, M. Renouvier.
(3) Voir Windelband : *die Gesch. der neueren Philosophie*, p. 17.

entière, nous montre les choses telles qu'elles sont réellement. D'autre part le phénoménalisme se lie d'habitude à l'empirisme : il n'y à de connaissance que par les sens et les sens ne nous donnent pas les choses telles qu'elles sont, mais telles qu'elles nous apparaissent; c'est le point de vue de Locke et de Hume. Kant changea tous ces points de vue en contractant une alliance vraiment nouvelle entre la raison et les phénomènes. Il y a une connaissance rationnelle, car il y a des principes *à priori;* mais la raison ne peut connaître les choses telles qu'elles sont en elles-mêmes, car les choses en soi ne se règlent pas sur notre raison; ce que la raison peut connaître *à priori,* ce sont uniquement les phénomènes, parce que ceux-ci, pour être représentables, doivent se régler à la fois sur nos intuitions pures et nos concepts, doivent être déterminés par les fonctions mêmes de notre sensibilité et de notre entendement. Désormais le phénoménalisme, non seulement n'est plus l'ennemi du rationalisme, mais il est la raison d'être de celui-ci; c'est parce qu'il n'y a que des phénomènes que la connaissance *à priori* est possible.

Et maintenant qu'est-ce qu'un phénomène, — ce que Kant et Schopenhauer appellent une apparition (Erscheinung), ce qu'ils opposent tous deux à la chose en soi (Ding an sich), au Noumène? — Question très importante, car l'interprétation, toute schopenhauerienne et radicalement fausse, du phénoménalisme de Kant est une des sources principales de l'idéalisme de l'auteur du *Monde comme volonté*. La distinction kantienne, établie entre le phénomène et la chose en soi, et que Schopenhauer exalte si haut, reproduit simplement, selon lui, la grande vérité proclamée jadis par Platon, « à savoir que le monde sensible n'a aucune réalité, aucun être véritable : il est et il n'est pas, car il devient sans cesse, et ce que nous en savons constitue moins une connaissance qu'une illusion (Wahn) ». La même vérité se retrouve, avec d'autres expressions, dans la doctrine principale des Védas et des Puranas, dans la doctrine de la Maïa : « La Maïa n'est autre chose au fond que le phénomène kantien en opposition avec la chose en soi. L'œuvre de la Maïa, c'est-à-dire le monde sensible, nous est décrit comme un charme magique et trompeur (ein Zauber), une apparence (Schein) sans consistance et sans fondement, un rêve et une illusion d'optique, un je ne sais quoi enfin dont on peut dire également qu'il est et qu'il n'est pas. »

Interpréter aussi librement le phénoménalisme de Kant, le confondre avec la théorie platonicienne du monde sensible et avec la doctrine de la Maïa, c'est pour un kantien commettre une étrange confusion. Sans doute la doctrine de Kant a certains points de ressemblance avec celle de Platon et ce n'est pas ici le lieu de les relever; mais sur la question spéciale du monde extérieur, la ressemblance entre les théories des deux philosophes est légère et superficielle et recouvre une différence radicale. Qu'est-ce que Platon oppose en effet au monde sensible, à ce monde qui n'est qu'ombres et vaines apparences? Le monde des idées est non seulement la vérité, mais la réalité même ; Kant au contraire à son monde de phénomènes oppose non des êtres de raison, non un monde idéal, mais les choses elles-mêmes telles qu'elles sont ; à ce qui apparaît il oppose ce qui est, ce que nous ne connaissons pas sans doute, mais ce qui existe pourtant et bien réellement en dehors de nous. Mais dès lors pour Kant le monde n'est pas cette pure apparence, ce rêve sans ombre de réalité, en un mot ce que Schopenhauer a lu ou a cru lire dans la *Critique de la Raison pure.* L'erreur de Schopenhauer vient de ce qu'il a pris dans le système de Kant, comme ont fait tant d'autres historiens, le mot phénomène (Erscheinung) comme synonyme d'apparence (Schein). Or Kant a distingué très nettement les deux mots dans les remarques générales qui terminent l'esthétique transcendantale : « Lorsque je dis que l'intuition des choses extérieures et celles que l'esprit a de lui-même représentent, dans l'espace et le temps, chacune son objet, comme il affecte nos sens, c'est-à-dire comme il nous apparaît, je ne veux pas dire que ces objets soient une pure apparence (ein blosser Schein). En effet, dans le phénomène, les objets et même les qualités que nous leur attribuons sont toujours regardés comme quelque chose de réellement donné ; seulement, comme ces qualités dépendent du mode d'intuition du sujet dans son rapport à l'objet donné, cet objet n'est pas, comme manifestation (Erscheinung) de lui-même ce qu'il est comme objet en soi. Ainsi je ne dis pas que les corps ne font que *paraître* exister hors de moi, ou que mon âme *semble* simplement être donnée dans la conscience de moi-même, lorsque j'affirme que la qualité de l'espace et du temps, d'après laquelle je me les représente et où je place ainsi la condition de leur existence, ne réside que dans mon mode d'intuition et non dans ces objets mêmes (1). »

Grâce à la distinction établie entre ces deux choses, *Schein* et *Erscheinung,* l'idéalisme de Kant est loin d'être aussi absolu et surtout aussi nettement déclaré que celui de Schopenhauer, et en tout cas le phénomé-

(1) *Critique de la raison pure* (traduct. Barni, p. 106). Comparer la troisième observation des Prolégomènes (traduct. Tissot, p. 61).

nalisme de Kant, ou en d'autres termes le sens exact que Kant attache au mot phénomène ne saurait s'accorder, semble-t-il, avec le principe fondamental de la philosophie de Schopenhauer : le monde est ma représentation et n'est que cela. Rien n'est moins kantien qu'un idéalisme aussi net et aussi crûment formulé. On sait avec quels soins inquiets et quel redoublement de preuves subtiles Kant se défend d'être idéaliste au sens vulgaire du mot, particulièrement au sens berkeleyen ; et il est certain que, si l'on considère surtout sa définition du phénomène, on peut affirmer que son idéalisme est purement formel, c'est-à-dire s'attaque seulement à la *forme*, aux qualités, non à l'*existence* même des choses, laquelle est présentée comme un fait qui s'impose, une donnée première absolument indéniable.

En outre, si l'on s'attache, non à tel passage isolé, mais à l'esprit du système, on peut affirmer que Kant au fond est contraire à l'identification du sujet et de l'objet ; cette unité du subjectif et de l'objectif qui joue chez ses successeurs un rôle si brillant et si aventureux, Kant ne l'admettait pas, formellement du moins, car nous aurons à nous demander tout à l'heure si certaines de ses théories n'étaient pas faites pour ouvrir la voie à l'idéalisme, et particulièrement à l'idéalisme de Schopenhauer qui nous occupe seul ici. En tous cas, Lange a dit avec raison de Kant, en envisageant dans sa généralité sa théorie de la connaissance : « D'après Kant, notre connaissance provient de l'action réciproque du sujet et de l'*objet* l'un sur l'autre, thèse infiniment simple, et cependant sans cesse méconnue après lui. Il résulte de cette théorie que notre monde des phénomènes n'est pas seulement un produit de notre imagination, comme prétendait Berkeley ; qu'il n'est pas davantage une représentation adéquate des choses réelles, mais l'effet d'influences *objectives* façonnées d'une façon subjective (1). »

Jusqu'ici nous avons essayé de faire ressortir ce qu'on pourrait appeler les parties réalistes du criticisme parce qu'elles ont été souvent méconnues, particulièrement par Schopenhauer. Mais n'y aurait-il pas aussi dans la philosophie de Kant certaines tendances vers l'idéalisme qu'il serait tout aussi puéril de méconnaître? Si, laissant de côté les généralités du système, nous entrons dans les détails de la théorie kantienne de la connaissance, nous allons voir Kant, par ce qu'il accorde et par ce qu'il refuse successivement à l'objet, fermer et ouvrir tour à tour la porte à l'idéalisme de Schopenhauer.

Qu'est-ce d'abord que la Sensibilité pour Kant? Une faculté passive, comme chez Locke, auquel Kant semble l'avoir empruntée, une pure réceptivité, ouverte aux impressions (Receptivität für Eindrüke). Mais une telle définition de la sensibilité suppose l'existence de quelque chose qui du dehors produit ces impressions sur la sensibilité et par là Kant est l'ennemi de l'idéalisme. Et en outre, qu'est-ce que l'Intelligence? une activité purement *formelle* (eine rein formale Verstandes Thätigkeit): elle ne peut donc créer la *matière*, l'étoffe dont sont faites ses pensées, elle attend cette matière et la reçoit du dehors. De même ici l'entendement, sans impliquer aussi expressément que la sensibilité, les choses extérieures, nous porte bien plutôt à admettre qu'à rejeter ces choses, matière toute trouvée semble-t-il, pour remplir les cadres vides de l'intelligence. Kant encore

(1) Lange : *Hist. du Matérialisme*. II, 118 (traduct. Pommerol).

ici, pour expliquer la connaissance, semble devoir poser un objet à côté et en dehors du sujet.

Si nous arrivons enfin à la condition suprême de la connaissance, l'unité de l'Apperception, cette synthèse de la conscience qui donne à la connaissance l'unité sans laquelle rien ne serait connaissable, que trouvons-nous? Tout objet, on le sait, pour être connu, doit être avant tout, d'après le criticisme, un ou unifié par la conscience de celui qui le perçoit. Si maintenant Kant eût été aussi idéaliste qu'on l'a prétendu, il aurait raisonné ainsi : c'est l'unité de la conscience, unité formelle, qui rend nécessaire la supposition de l'objet, car sans cette supposition la conscience n'aurait rien sur quoi elle pût exercer son pouvoir synthétique. Mais Kant raisonne tout autrement : c'est l'objet selon lui, lequel existait donc déjà, qui rend nécessaire l'unité formelle de la conscience. L'objet est pour lui la cause première, la raison même de la synthèse opérée par la conscience; il est la limite qui du dehors est posée à la conscience et non pas, comme on le dira plus tard, la limite que la conscience s'impose à elle-même. L'unité de la conscience, avant l'apparition de l'objet, est purement formelle et possible, elle ne devient réelle que par l'accession de l'objet. En outre, tout objet ou phénomène exigeant, pour être compris, l'unité d'apperception, nous pouvons ajouter que les rapports des phénomènes entre eux seront, eux aussi, conformes à la fameuse loi de l'unité synthétique de la conscience, laquelle est dès lors une loi des phénomènes, loi générale et parfaitement *objective*, c'est-à-dire valable pour toute intelligence humaine; le système de la réalité doit donc répondre aux lois de la pensée et Kant ici encore est au fond l'adversaire de l'idéalisme. Ainsi l'objet est posé en dehors de la conscience, en dehors du sujet; le point de départ de la théorie kantienne de la connaissance est éminemment réaliste. (¹)

Mais cet objet une fois posé, que savons-nous de lui? Ici Kant se rapproche incontestablement de Berkeley. Réaliste décidé tant qu'il s'agit d'affirmer seulement l'existence de l'objet, il devient idéaliste, qu'il le veuille ou non, dès qu'il s'agit de déterminer la nature de cet objet. Dans cette action réciproque du sujet et de l'objet dont parle Lange et qui fait la connaissance, combien plus grande et plus effective est l'action du sujet sur l'objet. Les choses extérieures en effet, Kant semble en bien des endroits les avoir admises comme par force et parce qu'il fallait bien faire sortir la sensibilité de sa passivité absolue: aussi quel est leur tribut dans la perception? Elles mettent en branle la réceptivité, elles donnent simplement un choc (Anstoss) à la sensibilité et il n'est plus question d'elles et ce qui se passe ensuite dans le sujet ne les regarde plus: ce divers qui, à la suite de ce choc mystérieux, surgit tout à coup d'une façon non moins mystérieuse, et cette « liaison du divers » d'où « l'activité spontanée » tire l'unité de la représentation, tout cela n'est en rien l'œuvre de l'objet. Le sujet, et le sujet seul, élabore désormais la connaissance; d'une part avec les formes réceptives de la sensibilité, temps et espace, d'autre part avec les formes spontanées de l'entendement, les catégories, il donne à la connaissance tout son contenu et lui fait parcourir tous les stades de son développement; l'objet n'a été là qu'au point de départ pour être congédié aussitôt et on peut dire que grâce à cette formation

(¹) Voir l'ouvrage de Riehl : *le Criticisme philosophique.*

toute subjective de la connaissance. l'objet ainsi connu est moins une chose extérieure qu'une chose intérieure. Qu'on ajoute à cela la théorie bien connue sur les principes de l'entendement : l'entendement n'emprunte pas ses principes à la nature, mais il attribue à la nature ses principes à lui, si bien que la nature n'est pas quelque chose d'existant par soi, indépendamment de nos représentations; la nature que nous connaissons est proprement l'œuvre de notre intelligence et surgit seulement quand celle-ci est achevée. Qu'enfin on relise la phrase célèbre, effacée prudemment dans la seconde édition de la *Raison pure :* « il est clairement établi que, si j'écarte le sujet pensant, tout le monde des corps doit disparaître, comme n'étant rien que le phénomène dans la sensibilité de notre sujet et un mode de représentation de ce sujet (die ganze Körperwelt wegfallen muss, als die nichts ist, als die Erscheinung in der Sinnlichkeit unseres Subjects und eine Art Vorstellungen desselben) » (¹). Y a-t-il bien loin de cette assertion à la phrase de Schopenhauer: pas d'objet sans sujet? Et la nature de Kant qui tire de l'esprit tous ses attributs ne conduit-elle pas au monde de Schopenhauer qui n'existe que dans l'esprit, « au monde comme représentation? »

On le voit, il y avait en germe chez Kant, un système idéaliste et un système réaliste, et selon que les philosophes allemands après lui ont développé l'un ou l'autre de ces deux systèmes, ils ont été idéalistes comme Fichte, Schelling, Hégel, ou réalistes comme Fries, Herbart, Benecke (²). On peut dire d'une manière

(¹) *Critique de la Raison pure* (Barni, II, 400).

(²) Le plus commode et le plus sûr moyen de classer les philosophies postérieures à Kant, est de suivre dans leur direction divergente ces deux courants, idéalisme et réalisme, que Kant avait réunis dans son système.

générale que l'idéalisme postérieur à Kant s'inspire surtout de l'analytique transcendantale où Kant s'efforce de tirer du moi, de l'entendement, les concepts purs et les principes *à priori* et où il oublie la chose en soi ; le réalisme au contraire devait se réclamer surtout de l'esthétique transcendantale où Kant pose et dans certains passages accentue la distinction des phénomènes et des noumènes.

Si l'on veut voir pour ainsi dire aux prises dans une même phrase l'idéalisme et le réalisme de Kant, qu'on lise ce passage significatif de la *Raison pure* : « L'entendement pense un *objet en soi* qui est la *cause* du phénomène, mais qui ne peut être pensé ni comme grandeur, ni comme réalité, ni comme substance, etc., parce que ces concepts (ainsi que celui de cause, ajouterons-nous, qui est de même genre et qui se sous-entend naturellement dans l'*et cætera* de Kant) exigent toujours des formes sensibles dans lesquelles ils déterminent un objet. (Der Verstand denkt sich einen Gegenstand an sich selbst... der die Ursache der Erscheinung ist, und weder als Grösse, noch als Realität, noch als Substanz und so weiter gedacht werden kann, weil diese Begriffe immer sinnliche Formen erfordern in denen einen Gegenstand bestimmen. — *Elementarlehre,* II Th. I *Abtheil, Rosenkranz,* 234). Ici la première partie de la phrase contredit ostensiblement la deuxième et fait éclater aux yeux ces deux tendances, ailleurs cachées, mais au fond partout présentes, qui entraînent la pensée de Kant en deux sens contraires. D'une part certains passages franchement idéalistes, pareils à celui que nous avons cité, de la *Raison pure,* et d'autre part la doctrine des Noumènes marquent les deux points extrêmes entre lesquels a oscillé la philosophie de Kant. Or ces deux points extrêmes, et c'est la conclusion à laquelle nous voulions aboutir, viennent se rejoindre et se confondre dans le système de Schopenhauer pour lequel les choses sont pures représentations au dehors, Noumènes et volonté au dedans. Certains historiens ont classé la philosophie de la volonté parmi les systèmes idéalistes issus du criticisme; d'autres ont fait de Schopenhauer un réaliste décidé, et les uns et les autres ont raison parce que Schopenhauer, plus kantien en cela, ou si l'on veut plus logiquement kantien que Kant lui-même ne l'avait été et n'aurait consenti à l'être, a, d'un côté, tiré les conséquences des prémisses idéalistes de la *Raison pure*, et de l'autre, défini le Noumène que Kant avait essayé de laisser dans une prudente indétermination. Schopenhauer est idéaliste à l'excès : le monde est sa représentation, et il est aussi réaliste à l'excès : l'essence du monde est ce qu'il y a de plus connu et de plus réel, la volonté.

Nous avons essayé de montrer que Kant était en partie responsable soit de l'idéalisme, soit du réalisme de Schopenhauer; il s'agit maintenant de rechercher en détail comment dans Schopenhauer la théorie particulière de la volonté se rapproche, selon nous, et du Noumène et de la liberté intelligible de Kant. — Attachons-nous d'abord au Noumène. C'est une étude importante pour l'intelligence de la philosophie allemande après Kant, que celle du Noumène tel que Kant l'a lui-même compris et exposé, de façons très diverses d'ailleurs, en ses phrases laborieusement enchevêtrées : le Noumène en effet a eu après lui une histoire remplie des plus étranges vicissitudes; il lui arrive d'être formellement nié dans un système, celui de Fichte par exemple, au sein duquel il ressuscite pourtant sous une forme nouvelle; combattu par les uns, proclamé par les autres, il s'installe enfin en maître dans la philosophie de Schopenhauer sous le nom de volonté. Nous allons d'abord rechercher dans la *Critique de la Raison pure* son acte de naissance et relever les différents noms qu'il y porte; nous verrons ensuite si la place qu'il occupe dans le criticisme ne serait pas par hasard une place usurpée, la place d'un intrus.

On peut résumer en trois mots l'histoire des empiètements du Noumène dans la philosophie critique : il est d'abord un concept problématique; puis il affirme nettement son existence; enfin il devient un être nécessaire. Voici ces trois étapes successives : « 1° le concept d'un Noumène est problématique, c'est la représentation d'une chose dont nous ne pouvons dire ni qu'elle est possible, ni qu'elle est impossible (1); » — 2° le Noumène passe de la sphère du problématique dans celle de « l'assertorique » : « la chose en soi est le fondement du phénomène (das Ding an sich der Erscheinung zu Grunde liegt) » (2); — 3° d'assertorique le Noumène devient un concept apodictique et, qui plus est, un être indispensable : « la chose en soi est nécessairement le fondement du phénomène (zu grunde liegen muss) » (3).

Ainsi le Noumène fait son entrée timidement et comme furtivement dans la critique, sans même demander à être admis et reconnu d'une façon formelle, car il n'est pas sûr d'exister; il n'est que la supposition, l'ombre d'un être, mais peu à peu il s'installe et supplante le phénomène, il s'implante enfin au cœur même

(1) *Critique de la Raison pure*, Rosenkranz, 233.
(2) *Idem*, Rosenkrantz, 287.
(3) *Idem*.

du système et c'est en définitive à lui qu'il en faut demander la clef ([1]).

Les raisons qui ont poussé Kant à faire une place au Noumène dans sa métaphysique sont diverses ; la plus évidente nous paraît devoir être cherchée dans les emprunts qu'il a faits aux philosophies antérieures. Élevé dans l'école de Wolff, Kant y rencontre le concept de l'objet existant par lui-même, « l'Ens » comme on l'appelait ; il n'en parle d'abord que pour le combattre, car dans sa doctrine il n'y a que « des choses pour nous » et c'est pourquoi il appelle cet être pur « la chose en soi. » Mais voici que la notion de cet être l'obsède de plus en plus et il finit par lui donner la place prépondérante que nous avons vue. Ajoutons qu'il admet aussi la chose en soi pour une raison plus profonde et moins étrangère à sa propre doctrine ; il y est conduit, nous semble-t-il, par sa psychologie même, par l'idée qu'il se fait de la sensibilité. Nous avons vu déjà que la définition que Kant donne de cette faculté avait introduit dans sa théorie de la connaissance un élément réaliste, et nous avons rappelé que cette définition, Kant l'avait empruntée à Locke. Pour celui-ci en effet l'âme est active quand elle pense, mais quand elle perçoit elle est seulement passive. Il faut qu'il y ait en dehors de la sensibilité des objets existant déjà par eux-mêmes et qui agissent sur elle ; de là les expressions significatives que Kant emploie lorsqu'il parle de la sensibilité (afficiren, rühren, die Wirkung). Or, Kant incline de plus en plus à distinguer les objets tels qu'ils sont avant d'impressionner notre sensibilité, des objets tels qu'ils nous apparaissent quand ils affectent

([1]) Voir sur cette question le livre de M. Liebmann : *Kant und die Epigonen* (Stuttgart. 1865).

nos sens. Il ne peut nier cependant que leur existence ne nous soit révélée uniquement par leur action sur nous-mêmes, c'est-à-dire au fond par une application, juste ou fausse, c'est ce que nous verrons tantôt, du principe de causalité. On sait en effet que Locke, distinguant dans les corps les qualités primaires des qualités secondes, ajoute que, dès qu'on connaît les premières, on se représente les objets tels qu'il sont en eux-mêmes. Mais Kant, comme il le déclare dans ses *Prolégomènes,* « met les qualités premières elles-mêmes au nombre des phénomènes » (traduct. Tissot, 63). Que restait-il donc aux choses ainsi dépouillées de ces qualités que Locke considérait comme essentielles, « inséparables » de la chose en soi, sinon la propriété générale et indéterminée, certaine pourtant aux yeux de Kant, d'être les causes de nos représentations?

Enfin, on sait quelle singulière influence exercent sur notre pensée les mots mêmes dont nous nous servons; on peut, sans exagérer cette espèce de choc en retour des mots sur la pensée même, soutenir que le mot dont s'est servi Kant pour désigner les phénomènes a comme renforcé sa conviction qu'il y avait derrière les phénomènes des choses en soi. Le mot Erscheinung (apparition, manifestation) qu'il a adopté, ne semble-t-il pas impliquer l'existence d'une réalité indépendante de l'esprit qui la perçoit? car enfin s'il y a apparition, il faut bien, semble-t-il, qu'il y ait quelque chose qui apparaisse et dont le phénomène sera la manifestation. Que nous nous trompions sur ce quelque chose, que nous lui prêtions des attributs qui n'appartiennent qu'à nous, c'est ce qu'enseigne Kant; mais nos erreurs perpétuelles et inévitables sur l'objet en soi n'empêchent pas celui-ci d'exister et cela en dehors, indépendamment de nos facultés de connaître. « L'entendement, dit expressément Kant, par cela qu'il admet des phénomènes (Erscheinungen) reconnaît des choses en soi. » On peut dire, en résumant aussi exactement que possible la pensée de Kant sur tous ces points délicats de l'esthétique transcendantale, que les choses en soi impressionnent du dehors notre sensibilité et que par là elles donnent naissance à ce qui subjectivement est une intuition (Anschaung) et objectivement un phénomène (Erscheinung).

Enfin un dernier motif, plus puissant peut-être que tous les autres, poussait Kant à admettre des Noumènes: c'était un motif purement moral et qu'il nous suffira d'indiquer parce qu'il a été, plus que tous les autres, généralement relevé par les historiens de la philosophie. Kant voulait, en posant dans la *Critique de la Raison pure,* la simple possibilité de la chose en soi, se réserver le droit d'affirmer dans la *Raison pratique* un monde suprà-sensible que la raison théorique n'avait pas regardé comme impossible ni contradictoire. Mais nous aurons à apprécier cette tentative dans ce que nous dirons plus loin de la liberté intelligible.

La distinction des phénomènes et de la chose en soi, célébrée par Schopenhauer comme le plus grand service que Kant aurait rendu à la philosophie, a eu simplement pour conséquence de mettre Kant en contradiction flagrante avec lui-même; en effet si sa théorie de la connaissance est vraie, et c'est là la plus sûre conquête du criticisme, alors la doctrine des Noumènes est fausse; réciproquement, s'il y a Noumènes, il faut sacrifier les plus importants résultats de la critique. Il est facile de montrer en peu de mots ce conflit entre ces deux doctrines contradictoires, conflit qui ne peut se terminer, pour parler la langue de Kant, que par la mort de l'un des deux adversaires.

D'une part, « les notions intellectuelles ne servent qu'à épeler les phénomènes (*Proleg.,* trad. Tissot, 98). En effet, l'entendement lie par ses concepts seulement ce qui est donné, c'est-à-dire le sensible. Comment donc serait possible la connaissance de ce qui n'est pas donné, du suprà-sensible? l'objet (Gegenstand) est pour le philosophe critique un produit de deux facteurs : l'intuition et l'entendement. Donc un objet en soi est pour le critique une impossibilité, une contradiction *in adjecto,* car pour lui il n'y a d'objets que dans et pour la faculté de représentation, entendement et intuition réunis (Vorstellungthätigkeit). Au fond, selon Kant, nous ne connaissons *à priori* que ce que nous produisons nous-mêmes d'après la nature de notre esprit, et ce que nous produisons, c'est précisément le phénomène (die Erscheinung), c'est-à-dire notre manière de nous représenter les choses ; donc se représenter d'une façon quelconque les choses en soi, c'est les créer ; la connaissance *à priori* des Noumènes n'est possible qu'à leur créateur. Ainsi tous les principes fondamentaux de la théorie kantienne de la connaissance interdisent formellement l'entrée du système à ce parasite qui s'appelle le Noumène. Si le Noumène réussit à entrer, en effet, tout l'édifice est ébranlé dans ses fondements. Par exemple le temps et l'espace étaient jusqu'ici les formes universelles et nécessaires de toute connaissance ; que deviennent leur universalité et leur nécessité s'il y a des Noumènes, c'est-à-dire des choses qui échappent au temps et à l'espace? Enfin l'*à priori,* cette pierre angulaire de la critique, ne subsiste, nous l'avons déjà vu, que s'il n'y a au monde que des phénomènes. Il n'y a donc ici d'autre ressource que de répudier la chose en soi, ce concept à la fois pensable et inconnaissable, élevé d'une part au-dessus de toute détermination faite par les catégories, et d'autre part, établi par la seule catégorie de causalité. En effet, toutes les tentatives de Kant pour faire admettre le Noumène échouent misérablement. Par exemple il dira : « La sensibilité ou son champ, le champ des Noumènes, est limité par l'entendement de telle sorte qu'il ne s'étend pas aux choses en soi, mais seulement à la manière dont les choses nous apparaissent : tel est le résultat de l'esthétique transcendantale, et il suit aussi naturellement du concept d'un phénomène en général que quelque chose lui doit correspondre qui ne soit pas en soi un phénomène. » (*C. de la R. p.*, Barni, I, 316). Ainsi le concept même de phénomène, pour être valable, suppose la réalité de la chose en soi et quand nous demandons qu'on nous prouve cette réalité, on nous offre en guise de preuve, le concept même de phénomène, ce qui est une véritable pétition de principe. Mais, dira-t-on avec Kant lui-même, vous arrivez alors à cette absurde proposition (*Id.*, 31) : « qu'il y a des phénomènes ou des apparences, sans qu'il y ait rien qui apparaisse. » A quoi on a répondu, selon nous, victorieusement : « ces mots, *rien qui apparaisse* sont ambigus, car il y a bien quelque chose qui apparaît au dire même de celui qui nie la chose en soi : c'est le phénomène dont la propre nature, on ne le niera pas, est d'apparaître ! La proposition, que *rien d'autre n'apparaît,* n'est donc pas absurde. Bien plus, c'est la proposition du défenseur de la chose en soi qui sera absurde, si nous la formulons ainsi, comme nous en avons le droit : la chose en soi, qui paraît dans les phénomènes, est une chose qui ne paraît point [1] ».

Ainsi il faut choisir entre la métaphysique réaliste de Kant et sa théorie de la connaissance; qui accepte l'une ne saurait soutenir l'autre. Jacobi disait dans son célèbre dilemme : « Il est impossible d'entrer dans la philosophie critique sans la chose en soi, il est impossible d'y rester et d'y faire un pas avec la chose en soi. » Nous pensons, au contraire, qu'il est possible et d'entrer et de rester dans le vrai criticisme à une condition : c'est de se passer de la chose en soi. Comment en effet Jacobi établissait-il son dilemme? L'affection (die Affection) par laquelle nous recevons (wir empfangen) la matière empiriquement donnée de nos perceptions provient nécessairement ou bien des phénomènes ou bien des choses en soi. La première explication est absurde, parce que les phénomènes, dans le sens kantien, ne sont que des représentations; il faudrait donc qu'avant toute représentation il y eût déjà d'autres représentations. La deuxième explication, Kant l'a adoptée, mais la doctrine critique repousse cette seconde explication. En effet, le rapport de cause à effet n'a de valeur que dans le monde des phénomènes et n'a rien à voir avec les choses en soi [2]. »

Il est très vrai que le criticiste n'a pas le droit d'attribuer la matière de ses perceptions à une chose en soi; il est faux qu'il ne puisse la rapporter simplement à un phénomène; bien au contraire, il ne peut faire et personne ne peut faire autrement. Notre représentation, dit Jacobi, a besoin d'une cause ou d'une matière, laquelle, à son tour, doit être une représentation, puisqu'il n'y a que des représentations selon le criti-

(1) Renouvier : *la Critique philosophique*, n° 24, 7e année.
(2) Voir Ueberweg : *Gesch. der Philos. der Neuzeit*, 4e édition, 225.

cisme. Il est certain, en effet, que nous supposons à nos représentations une cause parce que nous obéissons par là à une loi nécessaire de l'esprit, mais nous ne remontons pas plus haut pour la simple raison que nous ne le pouvons pas ; nous nous en tenons à cette cause supposée que nous nous figurons d'après la nature de notre esprit, et que nous n'essayons pas de connaître dans son essence vraie, dans ce qu'elle peut être indépendamment de nous, antérieurement à notre perception ; nous nous résignons à ignorer d'où nous vient la matière en soi de nos perceptions et quelle en est la cause en soi, parce que nous ne connaissons que des matières revêtues des formes de notre entendement et que des causes pour nous.

Enfin, on a essayé de sauver le Noumène en le présentant comme un concept *négatif* ou encore *limitatif*. Kant en effet se sert de ces expressions : « la théorie de la sensibilité est en même temps celle des Noumènes dans le sens négatif;.... si par Noumène nous entendons une chose en tant qu'elle *n'est pas* un objet de notre intuition sensible, en faisant abstraction de notre manière de percevoir, cette chose est alors un Noumène dans le sens négatif. » (*C. de la R. p.* trad. Barni, I, 318.) Voilà, on en conviendra, une singulière recommandation pour le Noumène ! il est ce qui n'est pas, ce que nous ne connaissons pas. Ordinairement, une définition doit embrasser tout le défini, ici la définition n'embrasse rien du défini, elle n'embrasse que ce qui n'est pas à définir. Ainsi présenté le concept du Noumène est impensable, car qui a jamais pu penser ce qui n'est pas ce qu'on pense ?

Qu'on prenne les quantités dites négatives en mathématiques : elles ont, en réalité. un sens très positif.

et si le Noumène n'était que négatif, il ne serait pas. C'est ce que Kant reconnaît implicitement dans le passage qui suit, car nous nous efforçons toujours de réfuter Kant par lui-même : « Dans toute limite, dit-il, et par conséquent dans tout concept limitatif, il y a quelque chose de positif (*Proleg.*, § 57).

Nous avouons enfin ne pas savoir ce que c'est qu'un entendement négatif (negativer Verstand) (1), à moins que ce ne soit un entendement qui se nie lui-même; nous ne comprenons pas davantage que « le Noumène, compris dans un sens négatif, soit « une catégorie élargie (2), » c'est-à-dire une catégorie n'obéissant plus aux lois qu'elle a pour unique objet d'exprimer.

Mais, admettons que le concept de Noumène puisse être accepté comme un concept limitant le domaine de la sensibilité ; cette limite serait encore posée par notre esprit, serait relative à notre entendement; nous aurions gagné par là un attribut qui enrichirait peu le concept de la chose en soi, car celle-ci est indépendamment de notre entendement ou elle n'est pas.

En réalité, Kant fait de ce concept négatif un usage très positif. D'abord il pose simplement l'inconditionnel, la chose en soi, à la limite des conditions, comme un concept quantitatif pourrait-on dire; mais, peu à peu, ce concept devient qualificatif quand il se distingue du phénomène, du sensible, quand il est nommé le suprà-sensible et que, comme tel, il s'appelle liberté intelligible.

Au début de la critique, en effet, la métaphysique était la connaissance par notions *à priori* en opposition avec l'expérience; plus tard, elle prend un sens plus

(1) Cohen : *Kant's Theorie der Erfahrung.*
(2) Cohen : *Kant's Theorie der Erfahrung* (erweiterte Kategorie).

étroit et qui marque bien ce que nous avons appelé les empiètements du Noumène : elle s'appelle la doctrine du suprà-sensible (die Lehre vom Uebersinnlichen).

C'est dans la région du suprà-sensible en effet que nous devons maintenant rechercher la liberté telle que l'entendent Kant et Schopenhauer, car les deux pôles de cette étude sur Kant sont la chose en soi et la liberté.

La raison déterminante pour laquelle Kant affirme l'existence de la chose en soi, il faut la chercher dans sa morale : comment l'homme devrait-il (Sollen) s'il ne pouvait pas (Können), s'il n'était pas libre de faire ou de ne pas faire? Nous avons là un raisonnement *ad hominem :* tu crois à la nécessité et à l'universalité de la loi morale, donc tu dois croire à la condition *sine quâ non* de ces deux caractères de la loi, c'est-à-dire à la liberté. Ainsi, croire au devoir, c'est la même chose que croire à la liberté. Mais, comment serons-nous libres si le criticisme est le vrai, c'est-à-dire si la loi de causalité est nécessaire et universelle, si nous admettons l'exactitude de ce principe « qui ne souffre aucune exception, d'après l'analytique transcendantale, et qui veut que tous les événements soient enchaînés sans solution de continuité et suivant des lois immuables? » Dans la série continue des phénomènes il n'y a aucune place pour la liberté ; il faut donc, si elle existe, et nous savons qu'elle doit exister, il faut lui trouver une place ailleurs que dans le monde phénoménal, et comme en dehors des phénomènes il ne saurait y avoir que des choses en soi, nous voilà contraints, à moins de renoncer à la liberté, c'est-à-dire au devoir, de faire de la liberté une chose en soi. Kant n'y manque pas, et c'est en effet la conviction de notre liberté qui *réalise* le concept, jusque-là purement théorique, de la chose en soi. De là, cette distinction singulière si souvent et si heureusement critiquée (!) entre le caractère intelligible et le caractère empirique, le premier appartenant au monde des choses en soi, le second relevant du monde des phénomènes. « La distinction entre notre caractère empirique et notre caractère intelligible, dit Schopenhauer, telle que Kant l'a posée, relève du même esprit que sa philosophie tout entière dont le trait dominant (?) est la distinction entre le phénomène et la chose en soi. De même que pour Kant la réalité empirique du monde sensible subsiste concurremment avec son idéalité transcendantale, ainsi la nécessitation empirique de nos actes s'accorde avec notre liberté transcendantale. Car le caractère empirique, en tant qu'objet de l'expérience, est, comme l'homme tout entier, un simple phénomène, soumis, par suite, aux formes du temps, de l'espace et de la causalité. Par contre, la base du caractère phénoménal, soustraite à tout changement dans le temps, s'appelle le caractère intelligible, c'est-à-dire la volonté de l'homme en tant que chose en soi. » (2)

Maintenant ce monde suprà-sensible, extemporel des choses en soi, qu'est-il au fond pour l'auteur de la *Critique?* Kant affirme en maint endroit qu'il ne saurait nous être connu et nous en devinons la raison, puisqu'il est soustrait aux lois du temps, de l'espace, de la causalité, c'est-à-dire aux lois mêmes de la connaissance: « Ce caractère intelligible ne pourrait jamais être à la vérité immédiatement connu (gekannt) puisque nous ne pouvons apercevoir une chose qu'en tant qu'elle apparaît, mais il devrait être ainsi conçu (gedacht) con-

(1) Janet: *la Morale*, 488.
(2) Schopenhauer: *Essai sur le libre arbitre*, trad. française, 101.

formément au caractère empirique de la même manière que nous devons en général donner dans la pensée un objet transcendantal pour fondement aux phénomènes, bien que nous ne sachions rien de ce qu'il est en soi » (ob wir zwar von ihm, was er an sich selbst sei, nichts wissen) (1). Ainsi la liberté ou chose en soi n'est pas connue mais simplement conçue, elle est pensable, non connaissable; en somme elle est un objet de foi. On irait, nous croyons, au fond de la pensé de Kant, si on disait : nous ne connaissons pas, nous voulons le suprà-sensible, parce que nous croyons à la morale, ce qui signifie nous voulons que la morale soit. Nous sommes dès lors délivrés « du fardeau qui pèse sur la théorie », nous affirmons non ce que nous savons, mais ce que nous croyons et aussi ce que nous sommes obligés de croire. La *Raison pure* n'a fait que montrer la possibilité logique de la liberté, la *Raison pratique* en démontre la nécessité morale et ainsi la seconde critique, loin de contredire la première, semble n'en être que le complément prévu et préparé d'avance par l'auteur. Kant ne nie pas dans la deuxième ce qu'il a affirmé dans la première, à savoir la causalité nécessaire et universelle, il explique seulement le sens et la portée que doit avoir celle-ci : il lui donne pour domaine tout le monde phénoménal, la *Nature* entière, comme il l'appelle, mais il réserve à la liberté, à la cause extemporelle, le monde supérieur des choses en soi, et ainsi le monde moral où règne la liberté a le pas sur la nature où domine la nécessité, le primat revient à la raison pratique, et il y a par cela même non pas coordination entre la nature et la liberté, entre la première et la seconde critique, mais subordination de la première à la seconde.

(1) **Kant : *Critique de la Raison pure*, traduction Barni, II, 140.**

Telle est, croyons-nous, la vraie pensée de Kant sur la liberté intelligible, sur la chose en soi. Il est donc certain qu'il n'y a pas entre les deux critiques cette opposition manifeste et choquante que des historiens superficiels se sont trop empressés de signaler. Y a-t-il cependant entre les deux ouvrages une parfaite harmonie et peut-on dire que leurs textes respectifs, si on les étudie de près et si on les compare, justifient Kant de tout reproche de contradiction? Nous ne le pensons pas, et nous allons essayer de montrer comment et en quoi Kant se contredit et même devait se contredire. Sans doute c'est la foi, non la science qui dans la *Raison pratique* affirme la liberté: mais on peut se demander ce que vaudra notre foi si son objet échappe aux lois mêmes du connaître et comment nous ferons pour croire si nous devons croire l'inconnu? Quelques différences qu'on puisse relever entre la science et la foi il semble qu'il n'y ait pas entre elles deux cet abîme qu'à creusé la *Critique*, car elles sont toutes deux des expressions de la pensée humaine et comme telles, elles doivent être soumises aux communes lois de la pensée, sinon il faudrait reconnaître deux logiques, l'une pour ce qu'on connaît et l'autre pour ce qu'on croit. Comment croire, c'est-à-dire en somme penser, ce qui n'est soumis à aucune des lois constitutives de la pensée? Kant devait donc être conduit à déterminer, et qu'on veuille bien y faire attention, à déterminer *théoriquement* ce qu'il disait inaccessible à toute théorie, à connaître en quelque manière ce qu'il prétendait être en toute manière inconnaissable. Kant a beau dire que la chose en soi est et doit nous rester inconnue, que tout au plus nous pouvons nous en faire un concept négatif. S'il ne connaît pas la chose en soi, comment peut-il dire qu'elle est liberté? Comment peut-il faire du caractère intelligible la volonté de l'homme en tant que chose en soi? En réalité il connaît la chose en soi puisque non-seulement il la nomme, mais qu'il la définit; la liberté est « une faculté de commencer d'elle-même une série d'événements », et il reconnaît expressément lui-même que c'est là un concept *positif* de la liberté, donc de la chose en soi ([1]). Et ailleurs quand il recherche le principe du mal moral où le fait-il résider? Dans ce fait que la liberté intelligible subordonne son intérêt à l'intérêt sensible. Nous sommes ici non sur le domaine pratique, mais sur le domaine de la spéculation, car il s'agit de la théorie du mal; comment donc Kant peut-il déterminer si exactement et cela dans la théorie les manières d'être d'une liberté intelligible qu'il déclarait absolument inconnaissable. Enfin dans sa solution de l'antimonie entre la liberté et la nécessité comment peut-il affirmer que l'antithèse (il n'y a pas de liberté) n'est valable que pour la connaissance des phénomènes, tandis que dans le monde nouménal la conscience morale admet la thèse (il y a une liberté)? Comment a-t-il pu poser parallèlement sur le domaine théorique la thèse et l'antithèse? On le voit, la contradiction, pour n'être ni aussi grossière, ni aussi flagrante qu'on l'a prétendu, existe pourtant, si on interroge de près les textes des deux critiques. Kant a beau vouloir se maintenir sur le terrain pratique: là même il fait de la théorie, il connaît en quelque manière et théoriquement, car il n'y a pas au fond d'autre façon de connaître cette liberté, cette chose en soi qu'il prétendait ignorer absolument dans la *Critique de la Raison pure*. Celui qui a fondé la science de la morale devait avoir la science,

([1]) Kant *Critique de la Raison pure*, traduction Barni, II, 152.

aussi incomplète et aussi limitée qu'il voudra, positive et réelle pourtant de l'un des principes de cette science, la liberté. Cette science de la liberté a pu du reste être fausse ; il n'en est pas moins vrai que, malgré lui pour ainsi dire, Kant a connu et déterminé à sa façon la chose en soi, puisque d'une part il l'a nommée liberté et que d'autre part il a défini positivement la liberté. Schopenhauer a raison de dire que « toutes les fois que Kant parle de la chose en soi, il pense au fond à la volonté (so oft er vom Ding an sich redete, in der dunkelsten Tiefe seines Geistes, immer den Willen undeutlich dachte. *Kritik der Kantischen philosophie,* 559). Qu'on lise en effet la seconde préface de la *Critique de la Raison pure :* on verra que la liberté nous est déjà proposée comme un exemple de la chose en soi : « la même volonté peut être conçue sans contradiction, d'une part comme étant nécessairement soumise au point de vue phénoménal à la loi physique, par conséquent comme n'étant pas libre, et d'autre part, en tant qu'elle fait partie de la chose en soi, comme échappant à cette loi, par conséquent comme libre. » (1).

Nous avons montré comment les prémisses soit idéalistes, soit réalistes de Kant contenaient en germe et *le Monde comme représentation* et *le Monde comme volonté* de Schopenhauer. Il est naturel que les contradictions, dans lesquelles la théorie de la chose en soi avaient fait tomber Kant, soient plus frappantes encore chez son disciple, car celui-ci est à la fois plus idéaliste et plus réaliste que Kant lui-même. Nous savons en effet que d'une part Kant se défend à mainte reprise d'être idéaliste et que d'autre part, si nous exceptons

(1) Barni, I, 32.

certains passages empruntés surtout à la première édition de la *Critique de la Raison pure* et trop fortement empreints de ce que Schopenhauer appelle le subjectivisme kantien, le fond de la philosophie critique est non pas l'idéalisme, mais le phénoménalisme. Or Schopenhauer a dénaturé le phénoménalisme kantien en insistant uniquement sur son côté subjectif et en réduisant le phénomène à n'être plus qu'une vaine apparence, si bien que pour cet idéaliste téméraire le monde n'est pas seulement une représentation, il est une pure illusion.

D'autre part Kant a introduit timidement, et selon nous subrepticement, dans son système la chose en soi; en maint passage il voudrait, dirait-on, faire excuser la présence de ces intrus qu'il appelle des Noumènes; il nous explique que s'il a admis, lui le fondateur du phénoménalisme rationnel, des êtres absolus, des êtres en soi, c'est qu'il ne pouvait faire autrement et que d'ailleurs il ne se flatte pas de les connaître (Kennen), tout au plus s'est-il vu obligé de penser à eux (denken). Schopenhauer au contraire, non seulement admet, mais proclame la chose en soi, comme donnant seule « le mot de l'énigme »; non seulement il la connaît, mais elle est ce qu'il connaît le mieux; seulement en précisant cette connaissance il s'écarte encore ici de son maître. Pour Kant en effet la liberté nouménale n'est pas seulement intelligible, elle est intelligente; pour Schopenhauer la volonté en soi est aveugle (blind). Pour Kant enfin cette liberté intelligible est une liberté morale et même sa moralité, pourrait-on dire, est son droit à l'existence. Pour Schopenhauer la volonté est *amorale*, c'est une impulsion purement physique (Trieb).

Ainsi Schopenhauer, en exagérant soit l'idéalisme,

soit le réalisme de son maître a rabaissé, et il aurait compromis le criticisme, si l'essence du criticisme était, comme il l'a cru, dans la distinction établie entre les phénomènes et la chose en soi. Les phénomènes de Kant en effet tombent chez lui au rang de pures chimères et la volonté intelligible, déchue de sa « dignité », n'est plus qu'un ressort inconscient et irresponsable comme l'instinct. Voilà ce que sont devenus, dans ce que Schopenhauer appelle son « dogmatisme immanent », et le phénoménalisme de Kant et sa métaphysique réaliste.

CHAPITRE II

Fichte.

Un historien de la philosophie allemande, Kuno Fischer, dit dans son exposition du système de Fichte : « Schopenhauer a laissé dans l'ombre la *Doctrine de la Science* pour que celle-ci ne reléguât pas dans l'ombre son propre système. » Ce que Kuno Fischer dit de la *Doctrine de la Science* s'appliquerait encore mieux à deux autres ouvrages de Fichte auxquels Schopenhauer a fait, nous espérons le prouver, des emprunts bien plus importants, le traité sur la *Destination de l'homme* et la *Doctrine des Mœurs*.

Nous n'avons pas à exposer le système de Fichte. La seule question qui nous préoccupe est de savoir ce que deviennent dans Fichte la chose en soi et la volonté que nous avons trouvées définitivement unies et confondues dans le criticisme.

Et d'abord que pense Fichte de la chose en soi? Il la nie, il la repousse avec la plus grande énergie de la *Doctrine de la Science*, elle est pour lui une pure impossibilité, « le pire abus de la raison, un concept absolument déraisonnable ». Et si nous cherchons pourquoi Fichte combat la chose en soi avec tant de vivacité, nous trouvons que c'est parce qu'elle est incompatible avec la liberté, telle du moins que Fichte comprend celle-ci. Fichte dans la *Wissenschaftslehre* divise les systèmes en deux grandes catégories : systèmes idéalistes et systèmes dogmatiques, selon qu'ils dérivent l'expérience de l'intelligence en soi ou de la chose en soi. Or le dogmatique, s'il est conséquent, est fataliste (jeder consequent Dogmatist ist Fatalist) et il est facile de comprendre pourquoi, si on lit la belle introduction que Fichte a mise en tête de sa *Wissenschaftslehre*. La simple réflexion nous fait découvrir en nous deux espèces de représentations : les unes, accompagnées du sentiment de liberté (elles auraient pu être autres qu'elles ne sont), les autres accompagnées du sentiment de nécessité (elles ne peuvent être autres que ce qu'elles sont). Ces dernières forment le contenu de ce que nous appelons expérience, le contenu non le principe qui explique celle-ci, car ce principe il faut le chercher en dehors de l'expérience et on ne peut le trouver que dans l'un ou l'autre de ces deux éléments antérieurs et supérieurs à toute expérience : l'intelligence en soi (idéalisme) ou la chose en soi (dogmatisme). Or le dogmatique, attribuant l'origine de l'expérience à la chose en soi qui, comme on l'a vu, est liée au concept de nécessité, ne peut considérer les choses que comme des effets nécessaires ; loin de les saisir dans la conscience, il ne les voit que du dehors, ne comprend que l'enchaînement causal et nécessaire, lequel forme une série linéaire où il est impossible d'intercaler la liberté. Et les dogmatiques ont beau proclamer la liberté, ils ne la comprennent seulement pas, car dans leur système le faire est conditionné par le savoir et le savoir lui-même par les choses extérieures, et ainsi la liberté est en définitive comme opprimée et étouffée par les choses extérieures qu'elle devrait au contraire dominer et déterminer à son gré. « La liberté des dogmatiques est une pure apparence (ein purer Schein) et leur doctrine de la volonté n'est qu'un déterminisme mal déguisé. » (1)

On sait le rôle que joue la liberté dans la doctrine et dans la vie même de Fichte; on peut donc dire qu'ici cette question de la chose en soi devient pour lui comme une question personnelle, et ce n'est pas seulement le philosophe, c'est l'homme lui-même qui combat avec une vraie passion un concept qu'il croit funeste à ce qui fait pour lui la valeur, à ce qui est l'essence de l'âme humaine, la liberté. Il est donc impossible, semble-t-il, que la chose en soi rencontre jamais un adversaire plus décidé et plus intraitable et il serait curieux qu'elle réussît pourtant à se faire admettre sous un nom déguisé dans la doctrine de son plus grand ennemi. Mais avant de rechercher si la chose en soi, ainsi éconduite de la *Doctrine de la Science,* ne reparaît pas sous un autre nom, il est curieux de voir comment Fichte explique que l'idée en vienne à l'esprit de tout homme et particulièrement de son maître Kant.

Ce qui fait le trait d'union entre la *Critique de la Raison pure* et la *Doctrine de la Science,* ce qui nous permet de passer, par voie de conséquences, de la philosophie de Kant à celle de Fichte, ce sont toutes les parties de la *Critique* où Kant penche vers l'idéalisme, insiste sur les éléments *à priori* de la connaissance, accentue en un mot ce qu'on peut appeler le subjectivisme de son système. C'est par ce côté, c'est pour ainsi dire, par cette porte du subjectif, de l'*à priori,* que Fichte entre dans sa *Doctrine de la Science.* Extraire du criticisme tous les

(1) Introduction à la *Doctrine de la Science,* 1re introd., 37.

germes d'idéalisme qu'il contenait et les préserver de tout élément étranger et compromettant, telle était la pensée constante de Fichte. Or il trouvait dans la philosophie de Kant comme un reste de réalisme qui devait tout d'abord attirer son attention et contre lequel un idéaliste ne pouvait manquer de porter ses premiers coups : c'était justement la chose en soi. La conserver par respect pour Kant, c'était ruiner d'avance l'idéalisme de la *Doctrine de la Science;* mais d'autre part, la repousser purement et simplement, n'était-ce pas se montrer délibérément infidèle à ce même Kant qu'on prétendait avoir été le seul à bien comprendre (ich allein habe Kant richtig verstanden) [1]. Il ne restait à Fichte qu'un parti : c'était d'interpréter la chose en soi de Kant dans un sens idéaliste et c'est ce qu'il fit dans sa deuxième introduction. Tous les kantiens se sont mépris sur la signification de la chose en soi : Kant d'après eux aurait fondé l'expérience sur quelque chose d'étranger au moi, sur une réalité existante et matériellement existante en dehors de l'esprit, cause de toutes nos sensations. Ainsi Kant aurait appliqué à la chose en soi le principe de causalité et serait tombé par là dans la plus manifeste des contradictions. N'est-ce pas faire injure au génie de Kant que de lui prêter une telle théorie dont le premier venu aurait reconnu « l'absurdité »? Qu'a donc vu Kant dans la chose en soi? Seulement un Noumène au sens étymologique du mot, l'objet d'une pensée, un objet purement intelligible que nous ajoutons au phénomène d'après les lois nécessaires de la connaissance. Aussi longtemps que Kant ne dit pas expressément : je dérive la sensation de l'action d'une chose en soi, aussi longtemps je nierai

(1) *Doctrine de la Science*, 2e introd.

cette interprétation fausse que les kantiens nous donnent de sa pensée. L'objet pour Kant (Gegenstand), même quand il le nomme cause de notre sensation, est ce que l'entendement ajoute au phénomène quand il en unit la diversité dans une conscience ; l'objet est donc une pure pensée ; l'objet nous affecte, cela veut dire dans le sens vraiment criticiste : quelque chose, qui est seulement pensé, nous affecte, ou : quelque chose est pensé comme nous affectant (1).

On sait que Kant avait, dans la *Critique de la Raison pure,* simplement fait entrevoir la possibilité de dériver l'entendement et la volonté d'une seule et même racine (Wurzel) qu'il laissait indéterminée. Or si l'on se demande ce que pourrait bien être dans son système cette commune racine de nos deux principales facultés, on trouve qu'elle ne peut être qu'une spontanéité primitive (das Urvermögen der Spontaneität). Celle-ci, en se développant comme faculté de connaître, se diviserait naturellement en sensibilité et en entendement. Dans l'esprit de Kant, la sensibilité se mêle non seulement à l'activité théorique, mais aussi à l'activité pratique de ce pouvoir initial, de cette spontanéité primitive ; c'est elle qui empêche l'entendement et la volonté d'atteindre l'absolu, cet inconditionnel qui n'est jamais saisi qu'incomplètement et qui reste le but idéal d'un progrès sans fin. La sensibilité peut donc être considérée comme une limite de la volonté et de l'intelligence et de leur commune racine, la spontanéité, et en ce sens elle est une négation. Mais la spontanéité ne saurait être limitée par quelque chose qui soit en dehors d'elle, car elle est par définition infinie, inconditionnée, ni par

(1) *Doctrine de la Science.* 2e introd., n° 6.

quelque chose qui soit en elle, car il n'y a en elle que sa propre activité. Il ne reste qu'une ressource pour expliquer ce rôle négatif, limitatif de la sensibilité : c'est de regarder le sujet sensible comme l'œuvre, la projection de la spontanéité infinie se limitant elle-même ; la sensibilité serait alors, considérée objectivement, la limite même posée par la spontanéité, et considérée subjectivement, l'intuition de cette limite. Maintenant cette limite a son origine en dehors du sujet fini, car elle est posée non par lui, mais avec lui ; elle ne peut donc lui apparaître comme une limitation de lui-même, mais comme quelque chose qui est donné, reçu du dehors, quelque chose en face de quoi il se sent passif, et par conséquent il est conduit à imaginer la cause de ce quelque chose, non en lui, mais hors de lui, dans l'action d'un objet extérieur, en un mot dans une chose en soi ; et ainsi la chose en soi n'est qu' « une place vide que le sujet remplit par un concept qu'il a formé lui-même sans le savoir (1). » Telle est la seule explication que Fichte pouvait donner et qu'il donnera en effet de la chose en soi, dans un système qui prétendait non seulement conserver, mais approfondir la pensée de Kant.

Fichte, s'attachant à découvrir avant tout le principe premier du savoir, la faculté vraiment primordiale, trouve celle-ci dans la spontanéité, déjà entrevue par son maître, et qu'il déclare infinie, absolue ; elle est pour lui non pas l'être, mais la vie, non la pensée, mais le penser, l'agilité pure (reine Agilität, actus purus, esse in mero actu). Mais ce penser pur est sans objet, c'est la vision tournée en dedans, ce n'est pas la vue réelle

(1) Löwe : *Die Philosophie Fichte's.*

(Sehen nicht Erschen). Un objet quelconque ne peut être pensé ni vu que s'il est déterminé, c'est-à-dire limité; or un tel objet, l'activité infinie ne peut le trouver hors d'elle, puisqu'il n'y a rien en dehors d'elle, ni en elle parce que son unité et son infinité mêmes repoussent toute limitation intérieure, c'est-à-dire toute détermination. Une telle activité ne saurait être que subjective, réfléchie en soi et sans objet. Le concept seul d'une activité objective implique que quelque chose lui est opposé, qu'elle est donc limitée; une telle activité ne peut par conséquent se trouver que dans un moi fini. Il faut donc que l'activité absolue se limite elle-même, qu'elle consente à être un moi fini, si elle veut acquérir quelqu'objectivité, car activité objective et activité qui se limite, c'est une seule et même chose. Dès lors la vie absolue et absolument une à l'origine, qui s'échappait et se répandait à l'infini, se ramène en soi, se resserre sur un point déterminé et, par un acte d'individuation *(actus individuationis primarius),* elle se contracte et s'exprime en un moi fini et concret. Alors seulement elle peut dire : moi, car le moi n'est qu'en tant qu'il est limité (ich ist nur insofern begränzt ist. — *Sittenlehre,* 1812, 43).

Ainsi ce qui limite le moi apparaît au moi limité qui lui est contemporain comme quelque chose qui lui est opposé, comme un non-moi. Quant à l'activité absolue, elle n'est plus désormais enveloppée en elle, elle s'est donné un objet; c'est en se l'opposant qu'elle prend conscience d'elle-même, et en opposant à ce moi empirique, dans lequel elle est entrée, des limites toujours nouvelles, elle crée le monde extérieur, le monde des sens et de la conscience. Cette objectivation était nécessaire pour produire la connaissance. car le moi fini ne peut se connaître qu'en opposition à un non-moi, si bien qu'on peut dire : il n'y a pas de moi sans le monde, ni de monde sans le moi (Weder ein Ich ohne Welt noch eine Welt ohne Ich gilt. — *Thats. des Bewusts.* 1810, p. 646, 667). Mais ce monde pourquoi nous apparaît-il comme opposé à l'intelligence tandis qu'il n'est que sa création? C'est que l'intelligence n'a pas conscience d'elle-même lorsqu'elle crée, car alors elle est activité créatrice et rien d'autre; la vue passe tout entière et se perd dans le regard (Hinsehen).

Sans doute c'est elle-même que l'intelligence voit toujours ou ce qu'elle a projeté hors d'elle-même ; c'est l'intelligence qui se reprend dans ses créations, mais elle ne se reconnaît pas, car elle est par nature toute dirigée, projetée vers le dehors (Wissen ist Hinwissen); le propre de la vue c'est de se réaliser sans se voir; le propre de l'intelligence, de s'objectiver sans le savoir. C'est son propre visage que l'intelligence contemple dans un objet; mais ce visage lui est étranger, lui apparaît comme extérieur et opposé (visum nicht vultus, idea nicht facies); c'est une chose qu'elle ne sait pas avoir posée elle-même (ein nicht durch sich Gesetztes), qu'elle croit indépendante d'elle et subsistant par elle-même, en un mot c'est *une chose en soi* (ein Ding in sich.) La chose en soi n'est donc en dernière analyse qu'une illusion de l'esprit qui méconnaît son œuvre et en fait honneur à je ne sais quelle entité extérieure à lui et absolument chimérique. Le problème de la représentation se résout alors de la manière suivante : le moi limité se sent non pas seulement actif, mais passif, il n'agit pas seulement, il subit (er leidet); il faut donc qu'il y ait au dehors de lui quelque chose d'agissant qui le modifie; et où placerait-il ce quelque chose si ce n'est dans l'objet, dans le non-moi? la limite même que cet objet lui impose fait naître en lui le sentiment de nécessité qui est le caractère propre de l'expérience. C'est ainsi que s'explique « la genèse du monde extérieur et de la chose en soi dans la conscience populaire »; c'est ainsi que naît la perception externe ou sensible (die sinnliche Wahrnehmung). En quoi celle-ci a-t-elle raison ou tort dans ce qu'elle affirme du monde extérieur? Si, parlant du monde des sens, on le décrit tel qu'on l'a vu ou touché, on exprime une simple perception et on est dans son droit. Mais si on le représente comme quelque chose qui existe en soi, alors on exprime, non plus une perception indiscutable, mais une pensée qu'on a formée soi-même et qui renferme une contradiction: car c'est une contradiction manifeste que d'imaginer une chose existant en dehors de la conscience et du moi et cependant connue. Nous ne saisissons dans la conscience et par conséquent nous ne connaissons que nos propres modifications; la « conscience populaire » ajoute donc à une science qu'elle a, celle du monde sensible, une science qu'elle ne saurait avoir, celle du monde en soi. La « réflexion philosophique », au contraire, nous enseigne que ce que nous voyons et savons, c'est toujours et uniquement nous-mêmes; c'est là le progrès qu'on fait en s'élevant de la conscience populaire à l'idéal transcendantal de « la Doctrine de la science. »

Ainsi, qu'il s'agisse d'expliquer les représentations nécessaires, c'est-à-dire le contenu de l'expérience, ou le prétendu substratum de l'expérience, la chose en soi, nous sommes toujours renvoyés à nous-mêmes et des deux seuls principes auxquels Fichte prétend ramener toute doctrine de la science, la chose en soi et l'intelligence en soi, le premier principe, la chose en soi, étant ainsi écarté, il ne reste comme point de départ que le second, l'intelligence en soi, ou en définitive le moi. Moi, dit Fichte, et c'est assez pour expliquer tout, et la science et le monde. Maintenant qu'est-ce au fond que ce moi d'où tout part et où tout se ramène? C'est, sous un autre nom, la chose en soi, que Fichte prétend bannir définitivement de la philosophie et qui s'installe au cœur même de son système. Qu'est-ce en effet qui distingue chez Kant la chose en soi des choses proprement dites? C'est que, tandis que les choses sont relatives à nous-mêmes, à notre entendement et à ses lois, nous pensons au contraire la chose en soi comme indépendante (unabhängig) de nos facultés de connaître, et c'est pour cela qu'elle reste inconnaissable. Or, n'est-ce pas là le caractère du moi absolu? Fichte le reconnaît expressément lorsqu'il dit que celui-ci n'est pas donné dans la conscience réelle, mais qu'il lui est inaccessible (im wirklichen Bewustsein nicht gegeben, sondern für dasselbe unerreichbar. — *Grundl. d. gesam. Wissench.*, 272). Comment la conscience pourrait-elle en effet saisir le moi absolu de Fichte, comment pourrions-nous le connaître, alors que c'est du moi absolu et de son activité infinie que Fichte déduit les lois mêmes de la connaissance, le temps, l'espace, les catégories?

En outre tout acte conscient est déterminé par des motifs quelconques (Gründe), ne serait-ce que par un objet (Gegestand) qui lui est opposé; il suppose donc une représentation antérieure; mais le moi absolu est l'acte absolument premier; son activité précède toute représentation, car il est antérieur au non-moi; il faut donc qu'il soit inconscient (bewustlos) précisément parce qu'il ne peut avoir de fondement (grundlos), ou d'objet. C'est lui qui pose primitivement (Urposition) le non-moi, dont l'opposition au moi fait surgir la conscience; et ainsi la conscience empirique est précédée d'une activité inconsciente, indépendante de toute loi de connaissance, absolument libre de toute détermination, c'est-à-dire absolument inconnaissable; c'est bien là le signe auquel nous reconnaissons la chose en soi. Le moi fait tout dans Fichte, mais c'est un *factotum* aussi invisible qu'occupé; si on nous permet cette comparaison, il est pour le monde ce qu'Agrippine est pour le sénat romain dans la pièce de Racine

Invisible et présente,
J'étais de ce grand corps l'âme toute puissante.

Enfin rien n'égale la multiplicité des fonctions que remplit le moi de Fichte, si ce n'est la variété des noms qu'il porte dans les différents ouvrages de l'auteur. Fichte a, pour le désigner, une richesse d'expressions qui déconcerte le lecteur, fort embarrassé parfois de distinguer dans ce Protée le moi absolu du moi théorique et celui-ci du moi pratique. Ajoutons que Fichte lui-même a en vue, sans le dire toujours nettement, tantôt le moi universel, tantôt le moi individuel, et de là vient que certains historiens (Kuno Fischer par exemple) ont surtout insisté sur le premier, et d'autres (Löwe) sur le second. Il n'en est pas moins vrai que le point de départ de Fichte, ce qu'il entend par le moi absolu est un moi universel, supra-personnel, (überpersönlich), un moi cosmique (Weltprincip), tandis que Kant parle toujours d'un moi individuel, sauf peut-être dans sa vague théorie de l'apperception absolue.

Fichte, si on me permet cette allusion au métier du célèbre philosophe hollandais, a lu la *Critique* avec les verres de Spinoza; il voit, dans le moi primitif, une vraie substance absolue; et tandis que Spinoza donne à sa substance première les deux attributs de l'étendue et de la pensée, Fichte semblablement dérive de son moi absolu le non-moi et le moi; mais chez Fichte le principe vraiment premier, le moi absolu, étant universel, est, par définition même, inconscient, car la conscience est l'apanage exclusif des individus.

Ainsi, ce moi universel, inconscient, antérieur aux lois de la pensée qu'il produira plus tard lui-même, est de toute manière inconnaissable. Nous ne pouvons le concevoir que comme inconcevable, comme l'absolue négation du concept; pour le concept, il est égal à zéro (es kann nur als Unbegreifliches begriffen werden, als absolute Negation des Begriffes, und ist für den Begriff = 0 — N. W. II, 163). C'est bien là réellement le pendant de la chose en soi kantienne, et Fichte le reconnaît implicitement lui-même lorsqu'il l'appelle : « le moi en soi » (das Ich in sich). Fichte dit quelque part : « Bien des hommes seraient plus près d'admettre un morceau de lave dans la lune qu'un moi absolu. » Nous avouons, avec M. Liebmann, être de ces hommes-là ; rien n'empêche en effet qu'un morceau de lave soit l'objet d'une connaissance, tandis qu'un moi en soi posé en dehors et indépendamment de toute représentation et qu'on doit pourtant se représenter serait à nos yeux, pour employer une expression chère aux philosophes allemands, du fer en bois (hölzernes Eisen) (¹).

Mais si l'absolu échappe à toute notion, s'il vit retiré dans une sphère supérieure où n'atteint pas même le plus élevé de nos concepts, le plus haut principe de la

(¹) Voir Liebmann : *Kant et les Epigones*, p. 84.

science (Urbegriff), alors qu'aurons-nous à en dire et d'où Fichte a-t-il reçu le don miraculeux de concevoir « l'inconcevable », et de parler de ce qu'il ne peut connaître? C'est que si l'absolu ne lui apparaît pas, étant enfermé en lui-même, son apparition du moins lui apparaît, et ce qu'il nomme, ce qu'il détermine même, ce n'est pas l'absolu primitif (Urabsolut), c'est seulement l'absolue apparition qui en émane (die absolute Erscheinung). De même, Schopenhauer ne connaît pas vraiment la chose en soi, mais il en saisit la manifestation immédiate dans la volonté. Ainsi Fichte, sans connaître l'absolu, va nous dire de quelle manière il se manifeste, comment il agit et même quels sont ses attributs principaux, ce qui fait son essence, c'est-à-dire au fond ce qu'il est.

Tous les philosophes avant Kant, se sont trompés sur la nature de l'absolu, car ils ont fait consister celui-ci dans l'être, c'est-à-dire dans une chose morte, et ils ne voyaient pas que dans le concept d'être est déjà impliquée la pensée, l'être n'étant que « la moitié d'une opposition dont la pensée forme l'autre moitié. » Or le problème de toute philosophie étant, aux yeux de Fichte, de ramener la pluralité à l'unité, d'atteindre le principe vraiment un et vraiment absolu, il faut, pour trouver ce principe, remonter plus haut que n'ont fait les philosophies antérieures; il faut, au delà de la dualité de l'être et de la pensée, arriver à une unité qui absorbe en elle cette dualité : cette unité vraiment primitive, c'est l'absolue activité (die absolute, die supreme Thätigkeit). L'activité, voilà le terme le plus général que Fichte emploie pour désigner l'absolu. S'agit-il maintenant de préciser ce terme, de déterminer quel genre d'activité déploie l'absolu, nous trouvons sur ce sujet, et à considérer l'ensemble des œuvres de Fichte, deux attributs principaux que la pensée flottante de l'auteur prête tour à tour à son premier principe. Au début, et alors que Fichte s'inspire plus directement de Kant, nous apprenons que l'activité du moi absolu se manifeste comme intelligence, une intelligence infinie et réfléchie sur elle-même ; mais bientôt après Fichte corrige, ou, comme il le prétend, complète cette première indication sur l'absolu. Kant ayant proclamé le primat de la raison pratique, Fichte subordonne dans l'absolu l'intelligence à la spontanéité, à la libre activité, et dès lors la racine la plus profonde du moi, le vrai nom de l'absolu, c'est *volonté*. C'est dans son ouvrage sur la *Destination de l'homme* (1799) que Fichte développera surtout cette seconde manière de voir : ici l'absolu nous est présenté comme la volonté infinie. Plus tard et déjà même dans la *Doctrine de la Science* (1801), l'élément intellectuel reprend faveur et c'est le savoir qu'on donne alors pour attribut premier à l'activité absolue ; ce n'est plus le même mot lumière (Licht) qui est préféré, mais un mot qui a un sens plus subjectif ; ce n'est plus ce qui éclaire seulement, c'est ce qui voit, la vision même ou l'absolu savoir (die Sehe). On le voit, en fait d'absolus, Fichte en a beaucoup pour être de vrais absolus ; mais le seul d'entr'eux qui doive nous intéresser, parce qu'il peut être un antécédent de la métaphysique de Schopenhauer, c'est l'absolu qui est volonté.

Des deux affirmations qui sont au fond de la métaphysique de Schopenhauer : il y a des choses en soi, et les choses en soi sont volonté, nous avons rencontré successivement la première et la seconde dans la philosophie de Kant. Nous venons de découvrir la première, la chose en soi, dans Fichte ; jusqu'à quel point et sous quelle forme y trouverons-nous maintenant la seconde, la volonté en soi ?

On pourrait dire, pour s'orienter dans les labyrinthes de la *Doctrine de la science,* qu'il y a dans Fichte une triple manière d'envisager le même principe premier, et comme une hiérarchie à trois degrés des différents absolus. Au sommet, et tout à fait hors d'atteinte de l'intelligence, est le suprême absolu : au-dessous est l'expression première de ce suprême absolu, l'absolue activité ; au-dessous, enfin, le savoir absolu et le vouloir absolu sont des manifestations parallèles de l'absolue activité. C'est évidemment par ses manifestations, le savoir et le vouloir, que l'absolu, se rapprochant de nous, peut fournir matière à nos méditations, et c'est en effet à définir ce savoir et ce vouloir que Fichte emploie toutes les ressources de sa dialectique. Attachons-nous au vouloir qui est seul en question dans cette étude sur la volonté.

Dans la *Doctrine des mœurs,* Fitche s'efforce de développer ce que contient la conscience de notre nature morale, et pour cela il commence par se demander quelle est l'essence du moi ; il la trouve dans une absolue indépendance, laquelle s'exprime pleinement dans la volonté. Se trouver, se sentir, c'est trouver et sentir son vouloir ; moi pur et volonté pure, moi absolu et volonté absolue, sont choses identiques.

Dans la *Destination de l'homme,* la foi, m'élevant au-dessus de la science, m'assure qu'il doit y avoir autre chose que mes représentations et que ma nature vraie, le fond de mon être n'est pas le savoir (das Wissen), mais le faire. (das Thun, das Handeln). Une voix intérieure me dit qu'il y a quelque chose « qui est en dehors et qui est pleinement indépendant des lois de la connaissance » (ein ausser dem Wissen Liegendes und von ihm völlig Unbefangenes — édit. 1880, p. 129); cela je le sais immédiatement (unmittelbar) ou plutôt je le sens en moi-même (ich fühle es), car ce quelque chose est inséparable de la conscience de moi-même et ce quelque chose est effort et volonté. Est-il besoin de faire remarquer que dans ce curieux passage nous trouvons mot pour mot le langage que tiendra Schopenhauer dans *le Monde comme volonté*?

Et maintenant pourquoi la volonté est-elle chez Fichte, plutôt que toute autre faculté, l'attribut essentiel du moi? Nous avons montré que si Kant avait maintenu dans *la Raison pure* la possibilité de la chose en soi, c'était avant tout dans l'intérêt de sa morale; aussi, avons-nous vu la chose en soi devenir volonté ou caractère intelligible. Il en est de même chez Fichte : le moi en soi est volonté parce qu'ainsi l'exige la morale de Fichte. Ici encore dans le domaine moral, nous allons découvrir une ressemblance très frappante entre Fichte et Schopenhauer : ils accordent tous deux à la volonté la prépondérance sur l'entendement.

La suprématie ou, comme s'exprime la philosophie critique, le primat de la raison pratique domine toute la philosophie de Fichte, car cette philosophie est, par dessus tout, un idéalisme moral et Fichte lui-même n'est pas seulement le partisan, il est l'apôtre de l'Impératif catégorique, un apôtre qui trouve dans son évangile la source de toute vérité et la solution des plus importants problèmes. Pour le maître, pour Kant, la loi morale s'étendait seulement à tous les êtres raisonnables (allen vernünftigen Wesen); pour Fichte elle devient la loi du monde, car c'est elle qui explique, on peut dire même qui crée la raison humaine et la raison humaine à son tour crée le monde, ou si on aime mieux est la raison du monde (Weltvernunft). Nous savons que c'est l'intelligence, le moi, qui pose le non-moi, le monde extérieur, et cela est nécessaire pour que l'activité infinie sorte d'elle-même, pour qu'elle puisse avoir un objet, « s'objectiver. » Mais nous demandons alors pourquoi l'activité infinie, pourquoi l'absolu s'objective, quelle est la raison dernière qui le fait sortir de sa contemplation solitaire, de sa réflexion sur lui-même? Sans doute la raison théorique nous dit que c'est le moi qui se limite lui-même et par conséquent nous savons qu'il faut chercher la cause de la limitation du moi uniquement dans le moi lui-même (Anstoss zur Selbstbeschränkung). Nous avons donc, si l'on veut, la cause (Woher), nous n'avons pas le but (Wozu) de la limitation du moi. Voyons si nous ne trouverions pas cette raison finale dans la nature même de l'absolu.

L'absolu est une tendance infinie à la causalité, à l'action (ein unendliches Streben nach Causalität). Mais le concept seul de tendance exige une limitation, car on ne conçoit une tendance que si elle est gênée, contrariée par une résistance quelconque qui l'empêche d'aller au but; qui dit effort, dit lutte et combat contre un obstacle. Il faut donc que le moi absolu se limite lui-même et qu'il se donne, par cette limite, une résistance contre laquelle il puisse lutter, exercer son énergie. Or c'est, nous le savons, en se limitant, en se donnant un objet [1], que le moi donne naissance à l'intelligence finie, à la *raison théorique.* Le pouvoir théorique n'est donc que l'instrument nécessaire du *pouvoir pratique;* l'intelligence est vassale et le vouloir suzerain, parce que la

[1] Gegenstand=Widerstand.

première est le moyen, tandis que le second est le but. La raison n'est théorique que pour devenir pratique (die Vernunft ist theoretisch um praktisch zu zein — S. W. I, 264, 295).

Ainsi ce qui fait sortir l'absolu de lui-même, ce qui l'empêche d'être une intelligence éternellement repliée en elle, c'est sa propre nature : l'absolu n'est pas un être infini, c'est une activité infinie et cette activité n'est autre chose qu'un effort, une impulsion (Trieb), une tendance qui n'atteint jamais son but puisqu'elle est infinie, et qui ne peut, en s'exerçant, que se poser de nouvelles limites qu'elle franchit les unes après les autres et qui s'appellent le monde objectif. Ainsi si le monde existe et avec lui l'intelligence ou pouvoir théorique, c'est parce que la raison pratique se pose et doit, de par sa nature, se poser à elle-même des fins successives qui se réalisent par le moyen du monde et de l'intelligence et dès lors le fondement, la raison dernière du monde n'est pas une cause nécessaire, comme chez Spinoza, mais une cause finale, à savoir l'activité qui veut par lui se réaliser peu à peu ; le moi pur est bien moins donné à l'origine que posé ou proposé à la fin comme but suprême, il devient bien plus qu'il n'est, car il s'efforce éternellement de réaliser son idéal, et cet idéal, c'est lui-même. L'activité infinie est moins le principe, le point de départ que le but lointain, éternellement poursuivi et c'est pour en permettre la poursuite que surgissent les activités individuelles et avec elles leur œuvre commune, le monde extérieur. Mais, qu'est-ce enfin qu'une activité qui n'a d'autre but qu'elle-même (Selbstzweck), si ce n'est cette activité que Kant avait proclamée autonome, l'activité morale? Ainsi est assuré le triomphe, le primat de la raison pratique, fin suprême de l'univers. La raison dernière de toute activité est le devoir (Sollen). Le moi absolu doit, c'est là sa nature intime, être infiniment actif. Et qu'est-ce, d'autre part que la loi morale pour l'individu, pour « le moi empirique? » C'est le double sentiment que le moi particulier *doit* être le moi pur et qu'il *n'est point* cela. Cette contradiction entre ce que le moi est et ce qu'il doit être, donne incessamment naissance au monde réel. Ce n'est donc pas dans la réalité ni dans notre connaissance du monde réel que nous devons chercher des motifs d'action, car alors la conscience serait hétéronome, et par conséquent étrangère à toute morale: l'idéal crée la réalité, et la nature entière n'a de sens que si elle nous est un moyen de faire notre devoir. Il était impossible de pousser plus avant et d'établir plus fortement le primat de la raison pratique et le triomphe de l'idéal moral. La téléologie domine toute la philosophie de Fichte qui est une philosophie du but.

Ainsi Fichte ne reconnaît pas seulement, de même que Kant et Schopenhauer, une véritable chose en soi, à savoir un moi absolu; mais sa chose en soi est en dernière analyse activité infinie, effort (Trieb), c'est-à-dire en somme, volonté, tout aussi bien que chez Kant et Schopenhauer. Enfin, la volonté a aussi chez lui le pas sur l'intelligence et le primat de la raison pratique, plus accentué encore chez lui que chez ses deux compatriotes, est l'âme de toute sa philosophie. Telles sont les trois ressemblances frappantes que nous relevons chez ces trois philosophes, ressemblances qui nous permettent de dégager de leur système une métaphysique analogue de la volonté.

Ajoutons enfin que Kant est loin de donner à sa doctrine du primat de la raison pratique toute la signification qu'elle a prise dans le système de Fichte. Pour Kant, la pure spontanéité de la raison pratique exige que le bien absolu soit réalisé et cette réalisation de l'absolu étant le but le plus élevé qui puisse être assigné à l'activité devient, en raison même de sa noblesse, la fin dernière de tout être. Mais Kant, tout en faisant ainsi du primat de la raison pratique le couronnement de sa philosophie, est loin de vouloir déduire de la volonté les lois de la pensée et de l'être ; il n'identifie pas la logique avec la métaphysique, fût-ce même la métaphysique de la volonté. La critique de Kant se borne à constater les différents pouvoirs de la raison humaine et à en décrire le fonctionnement et comme l'organisme. Fichte veut expliquer cet organisme ; mais il ne peut, s'il reste fidèle à l'esprit critique, expliquer la raison que par elle, car la raison est autonome, et, qu'elle soit théorique ou pratique, elle ne connaît qu'elle-même. L'organisme de la raison ne peut, dans la doctrine de la science, être dérivé que d'un principe, absolu sans doute, mais fourni par la raison même et ce principe ne peut être qu'un principe final. Dès lors, les facultés rationnelles et l'organisme entier de l'intelligence doivent être considérés comme des moyens pour réaliser la fin dernière de la raison qui est l'idéal moral ; il n'y a plus ici deux règnes : celui de la science et celui de la conscience reliés sans doute, mais distincts et ayant leurs lois spéciales comme chez Kant ; il n'y a ici que le règne des fins, et la conscience non seulement domine, mais fait la science ; le monde entier avec ses phénomènes, et l'intelligence avec ses opérations ne sont que l'histoire de la conscience (die Geschichte des Bewustseins).

Si maintenant nous essayons de résumer et de marquer nettement ce qui, malgré les nombreuses analogies que nous avons relevées, distingue essentiellement la *Critique* de la *Doctrine de la Science* relativement au problème qui nous occupe, le problème de la volonté, voici ce que nous trouvons : d'une part, il nous paraît certain que l'idée de ce moi absolu qui se résout finalement en volonté a été primitivement fournie à Fichte par ce moi pur de l'apperception transcendantale auquel Kant fait si souvent allusion, sans le définir jamais parfaitement, et qui, ne tombant pas, lui non plus, dans le domaine de la conscience, est pour Kant comme le pendant, le corrélat inconnu de la chose en soi ; mais, d'autre part, même ce moi pur chez Kant ne crée le monde extérieur que dans sa forme ; chez Fichte, il crée tout, forme et fond, lois et contenu du monde (Inhalt). Aussi, tandis que Kant nous donne une simple théorie de la connaissance, Fichte construit une vraie métaphysique où les lois de la pensée sont les lois mêmes de l'être. L'existence du monde était pour Kant une question qui relevait de sa théorie de la connaissance ; pour Fichte, cette question, devenue toute métaphysique, se pose ainsi : comment le monde sort-il de l'absolu ? Enfin le moi de Kant est individuel ; celui de Fichte est universel (Weltprincip), et tandis que pour Kant le phénomène est un produit de ce moi individuel, pour Fichte il est l'œuvre, l'émanation d'une substance absolue. Lors donc que Kant parle de la volonté, du caractère intelligible, il faut entendre la volonté, le caractère de l'individu, tandis que pour Fichte il s'agit d'une volonté universelle, absolue et infinie comme le premier principe dont elle est à la fois la manifestation et l'essence même.

La volonté de Fichte est universelle, car elle est

l'absolu, l'infinie activité. Elle s'écarte donc en cela de la volonté individuelle de Kant et se rapproche de la volonté une de Schopenhauer. La volonté infinie, ou la volonté du premier absolu (Urabsolut), précède la conscience qui n'est que sa création. Cette volonté infinie et inconsciente est l'âme du monde, l'univers n'est que le phénomène de la volonté (S. W., II, 657). Ce vouloir est, dans son développement progressif, d'abord le sentiment d'une force (Kraftgefühl), et ce sentiment même est le principe de toute vie (das Princip alles Lebens); à un degré plus élevé il sera le principe de la conscience où viendra se refléter l'univers; le vouloir est donc bien réellement le créateur du monde (Weltschöpfer). Enfin cette volonté de l'absolu ne se repose jamais, car si elle atteignait le but de ses efforts, son activité, n'ayant plus de raison d'être, s'arrêterait et avec elle finirait le monde.

Ainsi une volonté universelle, inconsciente, cause et substance de tous les phénomènes, principe de vie, activité qui ne se repose jamais, telle est la volonté de Fichte qu'on a appelée « une volonté titanique »; c'est la volonté du Faust de Gœthe: « Si je me couchais jamais sur le lit de la paresse, ce serait fait de moi. » A tous ces traits qui ne reconnaîtrait la volonté de Schopenhauer, cette volonté qui a pour caractères d'être infinie, inconsciente, source de vie et substance universelle, enfin jamais reposée et jamais lasse? Ne semble-t-il pas qu'il y ait unité parfaite de vues entre les deux philosophes et que les deux systèmes se confondent? Il n'en est rien pourtant, car la volonté de Fichte a beau avoir avec celle de Schopenhauer ces très frappants et très nombreux points de ressemblance; elle en diffère et lui est supérieure en un point essentiel:

c'est qu'elle est une volonté morale, tandis que la volonté de Schopenhauer est une volonté physique.

La volonté infinie de Fichte ne s'appelle pas seulement l'absolu, elle s'appelle Dieu. Mais qu'est le Dieu de Fichte? Malgré les différents noms qu'il lui a successivement donnés dans ses différentes œuvres, Dieu est par dessus tout pour lui l'ordre moral. Le Dieu de Kant était postulé comme un médiateur nécessaire entre la félicité et la vertu, c'est-à-dire entre la sensibilité et la raison. Ce Dieu kantien devait disparaître dans un système qui dérivait la sensibilité et la raison d'un même principe; c'est dans ce principe même, dans l'activité absolue que Fichte devait faire rentrer cette unité médiatrice cherchée par Kant et postulée par sa morale. L'ordre moral du monde (die moralische Weltordnung), voilà dit Fichte notre Dieu et nous n'en avons pas besoin d'autre; mais cet ordre est un ordre vivant, car Fichte ne tombera pas dans la faute commise par son maître Spinoza qui « a tué son Dieu en faisant de lui un être sans vie ». C'est l'ordre en action, ce qui ordonne, non ce qui est ordonné *(ordo ordinans non ordo ordinatus)*; c'est l'idéal qui veut se réaliser, c'est le but et aussi la tendance à ce but, c'est enfin « une volonté infinie qui se pose comme loi et se réalise, s'achève elle-même » (S. W., V, 382). Et de même, c'est la volonté qui fait le fond de notre être : nous ne valons que par ce que nous voulons; il y a un lien entre le monde sensible et le monde suprà-sensible et ce lien est la bonne volonté. Par elle nous sommes dès ici-bas les citoyens d'un monde supérieur, c'est ce que nous affirme la *foi* qui l'emporte sur la science. Nous croyons, la conscience l'atteste, que notre bonne volonté peut être cause d'effets éternels, d'effets qui se prolongent dans un monde supérieur, et le rôle de la volonté infinie est précisément de faire que nos actions, enfermées dans notre sphère limitée, aient une portée au delà du monde sensible, dans ce monde idéal dont elle est l'ordonnatrice. Cette volonté infinie est une et son unité explique l'harmonie qui règne dans le monde des esprits. C'est en elle que nous vivons et que nous sommes; c'est cet ordre moral, qui est nous-mêmes, que nous devons réaliser, car nous nous créons nous-mêmes, nous sommes ce que nous voulons être; « l'âme de mon âme n'est pas une âme étrangère et venue du dehors; elle a été mise en moi par moi-même... La volonté est ce qui agit et vit dans le monde de la raison comme le mouvement est ce qui agit et vit dans le monde des sens. Je suis sur la limite de deux mondes diamétralement opposés, un monde sensible où règne la simple activité (die That) et un monde invisible et insaisissable où règne la volonté; je joue dans les deux mondes le rôle d'une force primordiale. C'est ma volonté qui les embrasse tous les deux. Cette volonté est déjà en elle-même et pour elle-même partie intégrante du monde suprà-sensible, et moi-même par chacune de mes décisions je meus, avec ma volonté, quelque chose aussi dans ce monde supérieur... Ce n'est pas seulement quand je serai arraché au monde terrestre que j'aurai accès dans le royaume suprà-terrestre; je suis déjà et je vis dans ce royaume plus véritablement que dans le monde sensible... Ce que vous appelez le ciel n'est pas situé au delà du tombeau, il est parmi nous et sa lumière brille dans toute âme pure. Ma volonté est mienne, absolument dépendante de moi, par elle je suis citoyen du royaume de la liberté... » (*la Destination de l'homme*, 1re édition, p. 179).

Nous n'avons pas à juger ici l'idéalisme de Fichte. Nous ferons remarquer seulement que cet idéalisme si original et si hardi se résout finalement, si on nous permet cette expression, en un réalisme moral, car la morale, et, dans la morale la volonté est la seule réalité que reconnaisse Fichte, celle qui fonde toutes les autres. Lui aussi est parti du monde comme représentation pour aboutir au monde comme volonté, et il est arrivé alors à la chose en soi cette aventure singulière que combattue et même proscrite dn système de Fichte au nom de la liberté, non seulement elle est ressuscitée d'abord dans ce système sous la forme du moi absolu, mais elle y est devenue à la fin cette liberté même qui l'avait condamnée à mourir. On a vu comment la morale avait amené Fichte à faire de la volonté le lien vivant entre le monde actuel qui est mauvais et le monde à venir qui sera parfait. Pessimiste comme Schopenhauer à l'égard du présent, Fichte est optimiste en face de l'avenir que prépare au monde cette ouvrière infatigable, une et partout présente, antérieure et supérieure à la connaissance comme la volonté de Schopenhauer, mais qui s'appelle ici la volonté morale.

Pour Fichte donc comme pour Schopenhauer, tout au fond est volonté : mais si pour Schopenhauer la volonté embrasse tout ce qui est, pour Fichte elle produit tout ce qui doit être.

CHAPITRE III

Schelling.

Schopenhauer dit tant de mal de Schelling que nous soupçonnons d'avance qu'il lui doit beaucoup : ce sophiste, dit-il, après avoir pillé la Monadologie de Leibnitz dans sa *Philosophie de la Nature*, écrivit un « conte bleu » sur la liberté (*Parerga*, I, 29) (1). Ces railleries d'un goût douteux ne réussissent pas à nous dérober les emprunts que l'ouvrage de Schopenhauer « *la Volonté dans la Nature* » a faits à la « *Philosophie de la Nature* » de Schelling. Quels sont ces emprunts et, d'une manière générale, qu'est-ce que Schopenhauer doit à Schelling pour lui en vouloir si fort, c'est ce que nous allons rechercher.

La philosophie de Schelling, on le sait, a été se transformant ou plutôt se complétant sans cesse par de riches développements et des aperçus de génie qui venaient s'ajouter au système primitif comme autant de preuves magnifiques de cette évolution universelle et incessante que Schelling avait nommée la loi du monde. Nous pouvons cependant, pour l'objet qui nous occupe, considérer à part les deux points de vue principaux et comme les deux grandes étapes de cet infatigable esprit

(1) Voir à ce sujet Paul Janet : *Revue des Deux-Mondes*, 15 mai 1877, page 281.

qui, semblable de tous points à « l'esprit visible de la Nature » dont il parle, était sans cesse en marche vers des systèmes de plus en plus parfaits sans arriver jamais à se retrouver et à se reconnaître tout entier dans aucun de ses « organismes successifs », car ceux-ci ne pouvaient être pour lui, comme pour la Nature elle-même qu'ils s'efforçaient de refléter, que des points d'arrêt momentanés (Hemmungspunkte), et comme autant de bases d'élan vers de nouveaux sommets. Les deux points de vue et comme les deux centres de perspective d'où Schelling a essayé d'embrasser du regard l'ensemble des choses, sont la *Philosophie de la Nature* et le *Système de l'Identité*. Occupons-nous d'abord de la *Philosophie de la Nature,* non pour l'exposer dans son entier, mais pour en comparer, d'un côté l'esprit général, et de l'autre certains détails très caractéristiques avec la doctrine que Schopenhauer a exposée sur le même objet dans son livre « *la Volonté dans la Nature.* »

Il y avait dans le système de Fichte une grande lacune, l'absence d'une philosophie de la nature : c'est cette lacune que Schelling vint combler par une série d'esquisses brillantes ou profondes qui vont de 1797 à 1807.

On sait l'idée que Fichte s'était faite de la nature : le monde extérieur était l'œuvre de l'esprit et l'esprit avait fait une œuvre telle qu'elle pût permettre à l'homme de faire son devoir ici-bas. La nature extérieure était simplement la matière rebelle qu'il fallait dompter, la résistance qu'il fallait vaincre pour atteindre le but suprême de la destinée humaine, la moralité. Qu'on ne parle pas à Fichte d'une nature au sens large où nous l'entendons si souvent, le sens d'un vaste Tout, d'un cosmos embrassant la raison elle-même. La nature, l'objet, c'est ce qu'il appelle le non-moi, et il l'oppose au moi ; or, la raison étant l'apanage du moi, il ne reste plus à son opposé, le non-moi, que d'être irrationnel.

Qu'on ne parle pas davantage à Fichte d'une nature indépendante, qui serait sa fin à elle-même, de phénomènes naturels, tels que l'air et la lumière, qui auraient leurs lois propres, lois nécessaires, non pour l'homme, mais en elles-mêmes : « comment, en effet, les hommes pourraient-ils s'entendre sans l'air et se voir sans la lumière, comment sans ces deux éléments pourraient-ils se comprendre et former une communauté universelle ? » Montrer que tous les phénomènes naturels ne sont là que pour permettre à l'homme de devenir un être moral, c'est ce que Fichte appelle en faire « la déduction ». Kant n'acceptait la théologie que comme une auxiliaire de la morale ; Fichte fait de même pour le monde extérieur, cet auxiliaire de l'homme moral, mais un auxiliaire indirect, plus encore un ennemi indispensable, car c'est lui qui est chargé d'apporter à l'homme ces obstacles à surmonter et ces résistances à vaincre qui permettent à la vertu de se développer. Isolé et replié en lui-même, si Fichte sort un instant du moi et jette les yeux sur la nature environnante, c'est pour lui déclarer la guerre ; s'il consent à l'examiner, à faire une place dans sa « *Doctrine de la Science* » à la physique, ce sera uniquement à ce que nous pouvons maintenant appeler, sans crainte d'ambiguité, une physique morale.

A ce moraliste, noble sans doute, mais étroit et morose, donnez pour disciple un jeune homme qui ait appris tout d'abord à l'école des Grecs à regarder la nature autant et plus peut-être en poète qu'en philosophe, et supposez qu'il ait si bien profité des leçons de ses maîtres qu'il mérite par là l'amitié du plus sublime interprète de la nature qui fût jamais, de Gœthe; faites ensuite que ce jeune homme, tout en restant un disciple, moins fidèle sans doute dans les détails qu'il ne le croyait lui-même, mais pourtant un vrai disciple de Fichte par son point de départ et sa méthode dialectique, s'inspire surtout, non plus de la *Critique de la Raison pratique*, comme Fichte, mais de la *Critique du Jugement* que Fichte avait négligé ou dédaigné d'approfondir; et enfin placez ce nouveau venu à une époque où les sciences naturelles, par des découvertes brillantes et encore incomplètes, ouvrent à l'imagination le vaste champ des hypothèses et permettent par là une alliance, plus intime qu'elle ne fut jamais, entre la science et la poésie; réunissez en un mot ces éléments si divers empruntés à la fois à la philosophie, à la poésie et à la science et supposez qu'un penseur de génie réussisse à les combiner d'une façon neuve et séduisante en un système singulier, mais singulièrement grandiose, et vous aurez Schelling et sa *Philosophie de la Nature*.

Comment cette philosophie se rattache-t-elle aux systèmes antérieurs? On peut l'indiquer d'un mot précis: c'est en approfondissant Kant que Schelling a complété Fichte. Kant avait laissé subsister, en face de l'esprit, le monde des choses, un monde qui gardait au fond une existence indépendante de l'esprit, car s'il recevait de ce dernier ses lois, il ne devait qu'à lui-même sa réalité. Cette réalité, Kant l'avait étudiée, on sait avec quelle profondeur, sous ses deux formes principales, la matière et la vie: la matière avait été ramenée aux deux forces contraires de l'attraction et de la répulsion; quant à la vie, elle avait été surtout expliquée dans la *Critique du Jugement* par le principe de finalité.

Schelling s'appropria ces deux pensées fécondes;

mais il commença par substituer au dualisme kantien de la raison et du monde un monisme qu'il appelait critique et qui était surtout inspiré par la « *Doctrine de la Science* ». Convaincu en effet, comme l'était Fichte, que toute vraie philosophie doit être déduite d'un principe unique et que ce principe ne pouvait être que le moi, Schelling était conduit à absorber, à l'exemple de son maître, dans le moi primitif et absolu, le non-moi ou la nature. Nous n'avons pas à voir pour le moment de quelle façon il conciliait cette déduction fichtéenne de la nature avec sa prétention toute nouvelle d'envisager celle-ci en elle-même et pour elle-même. Nous constatons seulement qu'aux deux époques successives où il fut, pleinement d'abord, et ensuite à demi le disciple de Fichte, il déduisait la nature du moi absolu, et si nous nous arrêtons un instant à cette déduction toute idéaliste du monde extérieur, c'est que nous touchons ici à ce qui fait le fond de notre étude sur la chose en soi : comment, en effet, Schelling pouvait-il ramener le monde extérieur à n'être qu'un produit de l'esprit, s'il y avait des choses en soi?

Schelling sacrifie hardiment la chose en soi comme avait fait Fichte lui-même ; nous aurons à nous demander plus loin, si, comme son maître aussi, Schelling n'a pas adoré sous une autre forme ce qu'il a brûlé. Il n'en est pas moins vrai qu'il fait et devait faire, pour sauver son idéalisme excessif, une guerre acharnée à la chose en soi. Il la combat d'abord au nom de la *liberté*, « ce principe suprême de toute grande philosophie ; car le moi absolu, c'est-à-dire le moi qui est purement et simplement moi, n'est possible que par la liberté. » Or la liberté est, qu'ils le veuillent ou non, supprimée par les Dogmatiques, car ceux-ci posent en face d'elle des choses en soi, c'est-à-dire un objet absolu qui conditionne, limite et détruit par conséquent la parfaite autonomie du moi. Que nous connaissions, non des choses en soi, mais seulement des phénomènes, cela résulte non pas de la faiblesse de notre raison, comme le pensent les Kantiens de cette époque, mais au contraire de la liberté inconditionelle et absolue de cette même raison et c'est là, selon Schelling, la plus grande pensée du kantisme. Schelling combat ensuite la chose en soi au nom de la *connaissance* que la chose en soi rendrait inexplicable, impossible; les Kantiens de son temps, qu'il prend ici à partie, posent d'un côté l'esprit et de l'autre un monde indépendant de l'esprit, un monde de choses en soi, et entre l'esprit et le monde ils imaginent non pas une identité quelconque, mais je ne sais quelle rencontre, quelle ressemblance fortuite. Le monde agit sur l'esprit sans qu'on sache comment; dès lors un tel monde devrait apparaître à l'esprit comme un produit du hasard, mais point: il lui apparaît comme un tout ordonné, soumis à des lois; c'est que ces lois du monde sont implantées dans l'esprit humain on ne sait ni d'où, ni comment; l'esprit les transporte au monde d'une façon tout-à-fait mystérieuse et inexplicable et ce monde, qui est pourtant étranger à l'esprit, obéit aux lois de l'esprit avec une docilité merveilleuse. Et c'est là ce que Kant aurait enseigné? Mais alors on n'aurait jamais vu un système plus ridicule ni plus excentrique (lächerlicher oder abenteuerlicher).

Cette critique de Schelling n'est juste que si on la modifie, si on la dirige, non contre les choses en soi auxquelles les lois de l'esprit ne sont pas applicables, selon Kant, mais contre leurs représentations; celles-ci, intermédiaires entre les choses en soi et la raison, d'une part, ne peuvent évidemment exprimer que ce qu'elles représentent, ne peuvent être que l'expression des choses en soi; mais, d'autre part, elles reçoivent de l'esprit leur forme et leurs lois comme si les choses en soi n'existaient pas; c'est donc par hasard que ces représentations formées et comme organisées par l'esprit seul réussissent pourtant à représenter un monde de Noumènes qui n'a rien de commun avec l'esprit. Ce n'est pas dans le criticisme qu'on pouvait s'attendre à voir jouer un tel rôle par le hasard.

La conclusion de Schelling, conclusion d'ailleurs que nous n'avons pas à juger ici, c'est que l'objet n'est pas différent du sujet, que la nature n'est pas autre chose que « l'esprit visible », et l'esprit, la nature invisible. Avec le dualisme de l'esprit et de la nature disparaît évidemment la chose en soi. Il n'y a pas deux principes indépendants l'un de l'autre, il n'y a pas deux absolus, deux inconditionnels, il n'y en a qu'un, et comme ce seul principe ne saurait être la chose en soi, l'objet absolu, il ne peut être que le moi; ce système, que développe Schelling, est pour lui le « monisme critique »; mais comme il voit le criticisme à travers la « *Doctrine de la Science* », le système qu'il soutient à cette heure serait mieux nommé un monisme fichtéen.

Voyons maintenant ce que signifiait pour Schelling le mot nature; nous verrons plus loin quel sens Schopenhauer, à son tour, attache à ce mot et s'il enrichit par quelque point de vue nouveau cette philosophie naturelle fondée par Schelling. Si la *Doctrine de la Science* avait été avant tout un idéalisme moral, la *Philosophie de la Nature* (Naturphilosophie) de Schelling fut avant tout un idéalisme physique. La physique élevée (die höhere Physik) que Schelling prétendit fonder n'était pas autre chose qu'une psychologie étendue au monde extérieur, une psychologie extériorisée, si on peut s'exprimer ainsi. Fichte avait écrit dans la *Doctrine de la Science* ce qu'il appelait l'histoire de la conscience; Schelling transporta, appropria cette histoire au monde extérieur et il confondit si bien raison et nature que l'on peut dire, appliquant à la première les termes qui conviennent généralement à la seconde, que chez lui les différentes phases de la vie de la raison répondent aux diverses catégories de la nature. La nature, en effet, c'est l'esprit visible (der sichtbare Geist); Schelling avait plus de motifs encore que Schopenhauer de dire : le monde est ma représentation, car avec l'intrépidité du plus conséquent des idéalistes, il déduisait le monde extérieur tout entier de la nature seule de la représentation.

Fichte avait, dans la *Doctrine de la Science,* expliqué le contenu particulier de la sensation et de l'expérience comme un libre produit de l'imagination créatrice ou de l'intelligence inconsciente. Schelling adopta l'explication de son maître, et, comme lui, il dériva les deux forces fondamentales et opposées que Kant avait attribuées à la matière, de la double activité du moi dans l'intuition. Kant avait enseigné que la matière ou l'espace plein ne peut être conçu sans la supposition des deux forces contraires: attraction et répulsion. Mais cette matière, ou, si l'on veut, cette capacité de remplir l'espace, n'est pour Schelling que le fait de notre propre esprit. Il y a originairement dans le moi deux forces antagonistes: une activité infinie (répulsive) et une activité finie (attractive). Du jeu continuel de ces deux forces de l'esprit résultent nos intuitions. Mais si l'esprit, s'éloignant pour ainsi dire de l'intuition, vient à rentrer en lui-même, à devenir conscient, alors le produit de sa double activité lui apparaît comme un objet extérieur, une matière douée de deux forces opposées et si matière et forces semblent indépendantes de l'esprit, c'est que lorsque l'esprit les produisait, il n'avait pas encore conscience de son œuvre; mais pour le philosophe, il n'y a en tout cela que l'esprit humain qui dans les deux forces constitutives de la matière reflète simplement et rend visible sa double activité.

Mais ce n'est pas seulement la matière inanimée, c'est la nature entière qui est l'œuvre de cette activité de l'esprit antérieure à l'apparition de la conscience, et la conscience elle-même n'est que le but suprême et dernier de cette marche ascendante de l'esprit. C'est en peuplant le monde d'êtres de plus en plus parfaits que l'esprit finit par combler l'immense intervalle qui sépare son activité inconsciente de son activité consciente; la création tout entière est une véritable Odyssée dont les étapes successives sont assurées d'avance, car l'esprit a beau errer et s'attarder à vaincre les obstacles que lui oppose la matière, il faut qu'au terme du voyage il rentre chez lui ou, si on aime mieux, en lui-même, il faut qu'il arrive, non pas seulement à se reconquérir, mais surtout à se reconnaître, car c'est pour cela uniquement qu'il s'est mis en marche; tout le long du chemin il s'ignorait lui-même et par conséquent il ignorait son œuvre, la nature; il faut qu'il se connaisse pour qu'il arrive à connaître la nature, puisque la nature n'est qu'un autre lui-même, et par conséquent la conscience de soi et la connaissance du monde extérieur sont une seule et même chose, c'est le but dernier qui est assigné à toutes les démarches de l'esprit. En un sens donc la philosophie de la nature n'est qu'une théorie de la connaissance, car elle explique comment le monde peut être connu, ce qui reste inexplicable en dehors du monisme critique ; et elle est aussi une psychologie objectivée, car la fin qu'elle se propose est de préparer l'avènement de la conscience.

On voit que dans le système de Schelling la nature a un sens nouveau, qu'elle y joue un tout autre rôle que dans la philosophie de Fichte ; chez tous deux sans doute la nature est expliquée téléologiquement ; mais tandis que pour Fichte elle existe uniquement dans un but moral, pour Schelling le but de la nature est théorique et ce n'est qu'indirectement, par l'intermédiaire de la connaissance, qu'elle sert la morale. La morale en effet ne suppose-t-elle pas la liberté ? mais la liberté n'est pas directement conciliable avec la nature brute dont la loi est le pur mécanisme, c'est-à-dire la nécessité. Ne faudrait-il pas dès lors, si l'on tient à la liberté, et « la liberté est l'alpha et l'oméga de la philosophie », chercher un moyen terme entre elle et la nature, et ce moyen terme n'est-il pas justement la conscience qui est à la fois le but suprême de la nature et la condition première de toute moralité et de toute liberté ? De ce point de vue le but immédiat de la nature serait l'esprit conscient et le but plus lointain, la liberté, la morale, car la conscience est la condition de la liberté. Mais maintenant quelle est la condition de la conscience elle-même ? c'est la vie. On devine quelle importance va prendre dans le système de Schelling la notion de la vie. Il vaut la peine de déterminer avec lui cette notion pour la comparer à la théorie de Schopenhauer sur le même sujet.

De même que Schelling s'était inspiré des « principes métaphysiques dans les sciences naturelles » de Kant pour définir le mot matière, de même il emprunte à la « *Critique du Jugement* » sa définition de la vie : dans le vivant le tout détermine les parties et chaque partie doit être considérée comme étant à la fois cause et effet. Schelling s'approprie cette définition de Kant et il l'exprime d'une façon ingénieuse en disant que l'organisme apparaît là où le courant des causes et des effets (der Strom von Ursachen und Wirkungen) est arrêté. Partout où la nature n'entrave pas la marche du courant, il coule en ligne droite; rencontre-t-il un obstacle, il tourne en cercle sur lui-même et donne naissance à un organisme qui est ainsi comme un cycle vivant. Mais limiter aux organismes particuliers, aux seuls vivants proprement dits, animaux ou plantes, les idées de Schelling sur la vie, ce serait méconnaître la hardiesse et la grandeur poétique de la philosophie de la nature. Quelle est la pensée fondamentale de cette philosophie? C'est l'harmonie parfaite entre « le système de l'esprit et le système de la nature ». Or, si l'infinité de l'esprit ne peut s'exprimer que dans une œuvre finie, il en est de même de l'infinité de cet esprit visible, la nature. Donc un progrès infini, en ligne droite, des causes naturelles est impensable; le monde doit avoir une activité limitée et comme circulaire, il doit être lui aussi, un vivant, un immense organisme. Et qu'on ne pense pas que cette vie du monde, de « l'Universum », soit simplement la résultante ou le total des vies individuelles; tout au contraire, c'est l'organisme général qui est primitif, les organismes particuliers n'en sont que des limitations ultérieures. A l'origine était la vie, « ce souffle de la nature entière »; et il n'y avait et il n'y a jamais eu qu'une seule vie, de même qu'il n'y a qu'un seul esprit; les organismes ne sont que de la vie individualisée. ou, comme s'exprime Schelling, les individus sont autant de concentrations de la vie universelle. Et même la vie a précédé l'inanimé, la matière inerte, laquelle n'est que de la vie éteinte.

Si, laissant de côté les détails du système, nous considérons seulement les grandes lignes de cette étrange mythologie, une mythologie raisonnée qui essaie, à force de dialectique, de nous convertir à « l'antique et sainte foi naturelle » de ces premiers âges du monde où l'homme ne vivait pas seulement au milieu de la nature, mais où il sentait la nature vivre en lui et où nature et homme se pénétraient l'un l'autre et ne faisaient qu'un dans l'intuition poétique, si, dis-je, nous considérons seulement dans ses pensées fondementales cette étonnante philosophie de la nature, nous pouvons la ramener à trois grands principes que nous aurons à rapprocher des principes qui font la philosophie naturelle de Schopenhauer. Ces trois principes sont : 1° l'idée d'un développement continu, d'une évolution ; 2° au sein de cette évolution l'unité de forme ou ce qu'on a appelé encore l'unité de plan ; 3° ce plan est enfin exécuté par une force unique.

Et d'abord l'idée d'un progrès continu et nécessaire dans la forme des êtres inspire toute la philosophie de la nature qui est, au vrai sens du mot, une histoire naturelle. C'est peu à peu par des transitions insensibles que les formes inférieures s'élèvent aux formes supérieures de l'être, et Schelling explique les différences des espèces par un développement (Entwicklung). Mais qu'est-ce au juste que ce développement ? S'opère-t-il dans le temps, est-il un fait historique et rentre-t-il daus la théorie moderne de la descendance ? Bien que Schelling ne se soit pas expliqué très nettement sur ce point, il semble, si on le compare avec lui-même, que ce développement était pour lui purement idéal, non réel et effectué dans le temps. Il ne prétend pas en effet expliquer par là la genèse des êtres et leur apparition successive, mais seulement leur signification respective dans l'ensemble, leur valeur par rapport au tout. Pour un naturaliste tel que Schelling qui ne croit qu'à la téléologie, l'idée du but n'est-elle pas la première comme la seule réalité et par conséquent le supérieur ne précède-t-il pas, même dans le temps, l'inférieur qui sans lui ne serait pas? Sans doute Schelling est nécessitaire puisqu'il est panthéiste, mais la nécessité qui domine dans sa philosophie de la nature est une nécessité téléologique, idéale par conséquent, non causale et mécanique, et l'on pourrait appeler son système le panthéisme des causes finales ou encore le panthéisme du progrès. Maintenant comment se développent les êtres? D'après des lois identiques pour tous, car la nature travaille sans cesse et partout sur un plan uniforme. Sa vie est semblable à celle de l'esprit qui n'est, on le sait, que la nature invisible. De même que l'esprit, pour agir, scinde en deux son activité absolue originairement une et indivisible, et qu'à cette activité infinie il oppose une activité finie, ou bien encore de même que le moi, sortant de son unité, s'oppose le non-moi dans le moi, de même la vie de la nature entière n'est que le jeu incessant de deux forces contraires qui, sorties, par une différenciation initiale, de l'amitié première, luttent entre elles, s'équilibrent et se reposent dans une synthèse qui n'est pour elles que le point de départ de créations nouvelles et plus parfaites. La force primitive est une, c'est l'âme du monde (Weltseele); elle se divise elle-même et le premier progrès est une différenciation (Entzweiung); elle s'oppose une force qui entre en lutte avec elle, c'est le dualisme, dualisme qui se transforme bientôt en une synthèse où les deux forces contraires reparaissent, mais combinées en des rapports dont la diversité fait la différence des espèces.

Schopenhauer lui aussi a écrit une métaphysique de la nature dans son livre intitulé : *la Volonté dans la Nature*, et si nous ne considérons d'abord qu'en historiens la philosophie de Schopenhauer et celle de Schelling, nous sommes déjà frappés d'un premier trait de ressemblance : toutes les deux sont une réaction réaliste contre l'idéalisme excessif qui les a précédées. On connaît l'égoïsme métaphysique ou, d'un mot allemand, l'égoïté de Fichte qui sacrifie tout au moi. Il y avait pourtant, et d'après Fichte lui-même, trois points de départ également importants dans la philosophie de Kant, « trois absolus différents », et chacun d'eux faisait le fond de l'une des trois critiques. Fichte avait déclaré maintes fois que dans la *Critique du Jugement* Kant avait donné l'explication la plus parfaite et la plus haute de l'absolu. Mais c'était justement celle des trois critiques qu'il avait le plus négligé d'approfondir et par là il s'était privé des éléments réalistes qu'elle contient et qui auraient pu corriger l'idéalisme excessif de son système. S'il avait senti par exemple, comme l'avait fait le génie si compréhensif de son maître, toute la valeur, toute « la dignité » de l'œuvre d'art proprement dite et s'il avait su aussi, comme Kant, admirer dans l'organisme cette œuvre d'art d'un genre particulier, une œuvre d'art qui se fait elle-même, il lui eût été difficile sans doute de ne voir dans la nature et dans l'art que des objets inertes, de pures limites à l'activité du moi; il les eût considérés comme des réalités qui méritent, non seulement qu'on s'occupe d'eux, mais qu'on les étudie pour eux-mêmes en les prenant pour points de départ non en les dérivant, ou, suivant ses expressions, en les déduisant d'un moi qui est tout et qui fait tout. Mais il n'y avait en Fichte ni un naturaliste, ni un artiste : Schelling fut l'un et l'autre et c'est pourquoi sa philosophie, en dépit de prémisses tout idéalistes, tint compte du réel et fit à la nature l'honneur de la traiter comme une province indépendante. Il parla même de sa réalité inconditionnée (unbedingte Realität), et tout en reconnaissant avec Fichte, tout en proclamant même dès le début la toute-puissance créatrice et l'omniprésence du moi, il sembla oublier en chemin son point de départ et il se laissa aller, sans s'inquiéter de cette contradiction, jusqu'à gratifier la nature d'une vie propre et autonome (die Autonomie, die Autarkie der Natur).

La métaphysique de la nature n'était plus désormais comme une pure dépendance de la science de l'esprit, mais au contraire l'esprit, l'esprit conscient tout au moins, entrait comme élément dans le tout, il n'était qu'une partie, la plus parfaite il est vrai, de l'Universum.

Ce point de vue est exactement celui de Schopenhauer qui fut à Hégel ce que Schelling avait été à Fichte. Il réagit, en dépit lui aussi de ses prémisses idéalistes, contre l'intellectualisme absolu de Hégel. Dans la guerre qu'il fait au pur subjectivisme il va jusqu'à s'en prendre à Kant lui-même, il lui reproche d'être parti « d'un point de vue trop subjectif, à savoir la conscience comme donnée ». Lui au contraire il part de l'objectif, du réel; c'est la nature même avec tous ses êtres qu'il considère comme donnée (Naturwesen als das schlechthin Gegebene) et ainsi que Schelling, il assiste à la naissance de l'esprit conscient qui n'est « qu'un phénomène particulier dans l'ensemble du monde » (1).

Ainsi Schelling et Schopenhauer ont beau être idéalistes : dans leur métaphysique de la nature ils partent

(1) *La Volonté dans la Nature*, 72.

tous deux du monde extérieur, de l'objet; cet objet est étudié pour lui-même et par là ils deviennent, l'un, le disciple infidèle du pur idéaliste Fichte, l'autre, l'ennemi acharné du pur logicien Hégel.

A quels résultats sont-ils arrivés l'un et l'autre dans cette étude indépendante de la nature? Disons tout d'abord que la « *Volonté dans la Nature* », où Schopenhauer essaie d'expliquer les faits scientifiques découverts par ses contemporains comme autant de manifestations nouvelles de la volonté, n'égale ni la grandeur poétique ni l'originalité hardie de la « *Philosophie de la Nature* ». En revanche l'explication de Schopenhauer est moins riche en erreurs de toutes sortes et en hypothèses, séduisantes sans doute, mais qui relèvent plus de la fantaisie que de la science. La *Philosophie de la Nature* de Schelling serait peut-être mieux nommée le *Poème de la Nature*, tant est petite la part qui y est faite aux démonstrations et aux preuves, tant est grande au contraire la place qu'y prennent les combinaisons ingénieuses de l'artiste et les curieuses analogies où se joue sa fertile imagination.

Si Schopenhauer mérite, beaucoup moins que Schelling, le reproche d'avoir interprété les faits avant de les connaître, s'il a navigué moins loin que lui vers « ces îles imaginaires » dont parle l'ami commun des deux philosophes, Gœthe, ce n'est pas seulement parce qu'il était moins poète que Schelling, c'est aussi et surtout parce que sa méthode était différente et meilleure. Schopenhauer examine d'abord, interprète ensuite ce que l'expérience lui a appris. Schelling veut construire la nature *à priori;* il prétend dériver les uns des autres d'après leur nécessité *à priori* tous les principes de sa « physique spéculative », car toute vraie science est fondée sur « l'*à priori* pur et déduit tous les phénomènes d'une hypothèse absolue : philosopher sur la nature, c'est la même chose que créer la nature » (¹). On a vu au contraire comment Schopenhauer fait valoir sa « méthode expérimentale ».

Cette méthode de la Philosophie de la nature avec sa dialectique aventureuse qui, se développant à l'infini, se prête à tous les jeux de l'imagination et leur donne je ne sais quel faux air de rigueur scientifique, Schelling l'avait empruntée à Fichte et ce fut l'erreur fondamentale de son système, que de vouloir déduire la nature entière, à l'aide de cette méthode, d'un principe unique et singulièrement étroit, le moi pur. Bacon disait que le syllogisme avec sa rigueur et pour ainsi dire, sa raideur logique, ne saurait jamais égaler et reproduire la souplesse infinie de la nature. De même, dirons-nous, en face de la nature entière qu'est-ce donc que le moi de Fichte? et quelle merveilleuse chose que la dialectique si elle réussit à tirer de cette froide abstraction toutes les splendeurs de l'univers! Ainsi, le grand tort de Schelling est de partir d'un principe trop abstrait et par conséquent trop pauvre : le moi pur et encore inconscient, le moi qui ne se sait pas, qui ne peut pas encore dire : moi, et de vouloir ensuite faire sortir de ce germe, stérile par lui-même, « tous les fruits d'or de l'arbre de la vie, » suivant le mot célèbre de Gœthe.

Plus tard, dans son « *Système de l'identité,* » atténuant encore le peu de réalité qui avait pu rester au fond de cet étrange moi impersonnel, Schelling prendra son point de départ dans l'être qui n'existe pas encore, qui est une pure virtualité, et une virtualité aussi indifférente au réel qu'à l'idéal, si bien qu'un de ses disci-

(¹) S. W., III, 275.

ples, Oken, semblera traduire fidèlement la pensée du maître en désignant par zéro (± 0) l'élément premier de sa construction dialectique. Le point de départ de Schopenhauer est diamétralement opposé à celui de Schelling : Schopenhauer part de la réalité la plus haute, la plus complètement déterminée et la mieux connue : la volonté humaine saisie par le sentiment immédiat, et, dans sa construction de la nature, il suit la marche inverse de celle de Schelling : il étudie d'abord l'être le plus élevé et le plus riche d'attributs dans la création et explique par lui tous les êtres inférieurs à lui. La conscience, qui est le point d'où tout part dans l'explication schopenhaurienne de la nature, est le point où tout aboutit dans le système de Schelling. Mais, qu'on ne l'oublie pas, qu'elle parte de la conscience ou qu'elle y arrive, leur interprétation de la nature suppose dans leur système à tous deux un développement continu et un progrès insensible de chaque être à l'être voisin. On a vu quelle idée Schelling se faisait de cette marche ascendante de la nature qui va du moi inconscient au moi conscient en gravissant, degré par degré, toute l'échelle des êtres qui peuplent la création. Schopenhauer parle de même en maint endroit et presque dans les mêmes termes, de « l'échelle des êtres » (die ganze Scala der Wesen) et du passage insensible de l'un à l'autre (der allmählige Uebergang). La création tout entière n'est pour lui que l'objectivation progressive de la volonté. Au plus bas degré de l'échelle, dans la nature organique, nous rencontrons la volonté sous la forme élémentaire d'une impulsion aveugle ou de « causes primitives » que la physique et la chimie ont pour objet de ramener à certaines lois. De degré en degré la volonté s'objective et se manifeste de plus en plus clairement, dans les plantes d'abord et dans la partie végétative des animaux où ce n'est plus la simple causalité (Ursache), mais l'attrait (Reiz) qui sert de lien entre les phénomènes. (1) Montons encore un degré et nous arrivons à cette objectivation supérieure où nous voyons l'individu, non plus forcé par les attraits du monde extérieur à prendre la nourriture qui lui convient, mais choisissant celle-ci et pesant les motifs de ses déterminations. La cause, l'attrait et le motif, voilà les trois phases par lesquelles doit passer cette objectivation progressive de la volonté. La philosophie de Schopenhauer est, comme celle de Schelling, un panthéisme du progrès. Sans vouloir relever toutes les ressemblances de détails entre ces deux conceptions de la nature, qu'il nous soit permis d'en marquer les plus importantes et les plus curieuses. On se rappelle que pour Schelling ce progrès des êtres vers un état de plus en plus parfait et ce passage d'une espèce à l'autre était une évolution toute idéale, l'explication rationnelle plutôt que l'histoire réelle des êtres. Il en est absolument de même pour Schopenhauer à qui sa doctrine des idées ou types éternels des choses interdisait d'adopter l'évolution temporelle de Lamarck. Celui-ci, dit Schopenhauer, aurait dû, pour être conséquent, admettre à l'origine un être sans formes ni organes (Urthier); cet animal primaire existe, mais c'est un être métaphysique, c'est la volonté pour la vie. C'est cette volonté primordiale et métaphysique qui a, en dehors du temps, déterminé les formes spécifiques en s'inspirant des besoins de chaque espèce; car pour Schopenhauer comme pour Schelling, ce n'est pas l'organe

(1) *La Volonté dans la Nature*, 76.

qui crée la fonction, mais le contraire; tous deux expliquent la nature, non seulement par des causes finales, mais même par des idées au sens platonicien, modèles immuables des choses finies.

On a vu ce que Schopenhauer entendait par les idées (1); nous trouvons dans le *Système de l'identité* un emprunt du même genre à la philosophie de Platon : l'intuition intellectuelle de Schelling y étant présentée comme l'intuition de l'absolu par lui-même, il faut, si celui-ci veut embrasser son être tout entier, qu'il comprenne dans son intuition toutes les différenciations de lui-même à travers le monde et par conséquent ces différenciations de l'absolu ont un double sens : d'une part ce sont des réalités, les formes réelles par lesquelles se développe l'absolu et Schelling les appelle alors des puissances (Potenzen); et d'autre part ce sont les formes parallèles, mais purement idéales de l'intuition même de l'absolu, et alors nous avons des Idées. Il y a d'ailleurs une distinction capitale à faire entre la doctrine de Schelling et celle de Schopenhauer relativement aux idées, distinction que nous pouvons marquer d'un seul mot : les puissances de Schelling sont des puissances divines, les idées qu'elles expriment sont les idées de Dieu et la cosmogonie de Schelling tend à devenir de plus en plus une théogonie, tandis que la philosophie de Schopenhauer reste un pur dynamisme, ou si on aime mieux, un monisme athée.

Relevons une dernière et intéressante analogie entre les deux systèmes : on sait quel mépris la nature de Schopenhauer témoigne à l'individu dont elle ne se sert que pour maintenir l'espèce, seul but digne de

(1) Voir p. 33.

son activité. Qu'on écoute Schelling: la nature n'a qu'un but, assurer sa vie, la vie de l'ensemble; elle le fait à l'aide des individus qui ne vivent pas réellement, mais sont plutôt vécus; « l'individu est le moyen, l'espèce est le but; les êtres particuliers ne sont que des essais pour représenter l'absolu, mais des essais qui n'ont pas réussi » (1). Il y aurait enfin un curieux rapprochement à faire entre les trois forces, qui dans Schelling, constituent la vie (sensibilité, irritabilité, reproduction), et les forces absolument analogues qui règnent et se subordonnent l'une à l'autre dans le règne animal d'après Schopenhauer (Sensibilität, Irritabilität, Reproduktionskraft) (2). Comme on le voit, les mots mêmes sont identiques. Ailleurs enfin, dans le *Monde comme représentation,* II, 543, Schopenhauer donne comme symbole de la nature le cercle (der Kreis); c'est le fleuve du temps et de ce que le temps contient (der Strom der Zeit und ihres Inhaltes); encore ici on reconnaît et les idées et les expressions mêmes de Schelling.

On voit par toutes ces citations combien la *Volonté dans la Nature* est tributaire de la *Philosophie de la Nature.* Mais laissons les particularités des deux systèmes et, pour terminer notre parallèle entre ces deux métaphysiques de la nature, allons droit à leur résultat suprême et dernier: il n'y a dans le monde, d'après Schelling et Schopenhauer, que des forces dont le jeu incessant produit l'infinie variété des phénomènes, et ces forces ne sont elles-mêmes que l'expression d'une force unique (Urkraft). La dernière question que nous avons donc à poser à Schelling et à Schopenhauer est celle-ci: quel est le nom de cette force unique? Nous connaissons la

(1) Sämmtl. W. IV, 49.

(2) *La Volonté dans la Nature,* 31.

réponse de Schopenhauer à cette question; la force première est chez lui volonté. Qu'est-elle pour Schelling?

La force première, l'âme du monde (die Weltseele) est très souvent invoquée, mais nulle part peut-être nettement définie dans la *Philosophie de la Nature*. C'est l'esprit géant (Riesengeist) qui anime toutes choses, c'est « cette force que l'antique philosophie pressentit et salua sous le nom d'âme universelle et que les plus anciens naturalistes identifièrent avec l'éther, ce principe plastique qui était la partie la plus noble de la nature (1). » Mais ces expressions poétiques ne nous font pas connaître la vraie nature du premier principe. Par endroits même, comme fait parfois Schopenhauer, Schelling semble renoncer à le définir, à poursuivre ce « Protée » qui échappe à ses regards et il reste muet devant ce suprême inconnu (vor dem letzten Unbekannten). Mais, pas plus que Schopenhauer, il ne se résignera à ignorer ce qu'est au fond son premier principe, et non seulement il donnera plus tard dans le *Système de l'identité* un nom très particulier à l'absolu; mais nous croyons que, même sans sortir de la *Philosophie de la Nature,* il est possible de préciser le sens de ce mot : âme du monde.

Déjà dans une lettre datée de 1794 (2), Schelling, déduisant comme son maître Fichte, toute la philosophie du moi absolu, concevait ce moi pur comme ne pouvant être conditionné par les choses extérieures, par l'objet, mais comme posé par un acte d'absolue liberté, et c'est pourquoi il disait que la liberté était « l'alpha et l'oméga de toute la philosophie. » Un an plus tard il donnait une « Nouvelle déduction du droit naturel » dont un historien

(1) II, 564.
(2) Aus Schell. Leben Bd. I.

de la philosophie (1) ramène les pensées principales aux équations suivantes : Principe de la philosophie = l'Inconditionné = le moi absolu = la liberté. Si la liberté est l'inconditionné, c'est elle dès lors qui conditionne tout le reste, elle qui, ainsi que s'exprime Schelling, « est au fond de toute existence, c'est l'être absolu qui se manifeste dans chaque être particulier » (das absolute Sein, das in jedem Dasein sich offenbart). Kuno Fischer, citant cet important passage, y ajoute ce judicieux commentaire qui s'accorde avec notre hypothèse sur « l'âme du monde » : Nous avons déjà là une première indication sur la liberté comme principe du monde, par conséquent aussi comme principe de la nature.

Mais dans son *Traité pour l'éclaircissement de l'idéalisme*, 1809, Schelling va devenir bien plus explicite, car voici comment il raisonne : S'il n'y avait pas à l'origine une activité inconditionnelle se déterminant elle-même ou autonome, c'est-à-dire pour Schelling, libre, l'esprit n'arriverait jamais à se distinguer de ses œuvres, par conséquent il n'arriverait pas davantage à avoir conscience de soi, il ne pourrait se représenter ses productions comme objets différents de lui-même, il ne parviendrait pas à les conditionner, c'est-à-dire à les connaître comme des choses (Ding = bedingen). Tout ceci n'est possible que par la supposition d'une activité parfaitement libre. Or il n'y a pas d'activité libre sans volonté. On voit donc que la volonté est la racine, la condition de la conscience et par conséquent aussi de la connaissance qui suppose la conscience de soi.

Ainsi la Volonté est le fond de la connaissance et de la conscience ou, en un seul mot, de l'esprit. Mais l'esprit

(1) Kuno Fischer.

n'est-il pas lui-même pour Schelling le fond de la nature, et dès lors n'est-on pas en droit de conclure que la volonté, qui est la racine de l'esprit, est par cela même l'essence de la nature? C'est elle qui est la force absolument première (die Urkraft), la condition la plus haute (die höchste Bedingung) et la « source de tout. »

La pensée de Schelling a, on le sait, quelque chose de successif, elle est sans cesse en progrès sur elle-même et se développe en même temps que paraissent les différentes œuvres de cet esprit inventif. Or si nous suivons l'évolution de cette pensée, nous trouvons qu'elle se rapproche de plus en plus d'une métaphysique de la volonté. En 1807 *(Rapports du Réel et de l'Idéal dans la nature)*, Schelling cherchant le lien, lacopule (das Band, die Copula) qui unit le fini à l'infini, trouve que ce lien est « essentiellement l'amour infini de soi-même, le plaisir, infini pour chaque chose, de se manifester »; ce plaisir n'est pas distinct de l'absolu dont l'essence est de se vouloir soi-même. « L'absolu d'ailleurs ne se veut pas seulement, il est un vouloir qui s'étend à toutes les formes, degrés et puissances de la réalité. L'expression de ce vouloir éternel et infini est le monde. »

Enfin, dans son *Traité sur la liberté*, 1809, Schelling va devenir plus explicite encore. Jusque-là il a donné de l'absolu une définition plutôt négative; l'absolu était l'indifférence entre l'idéal et le réel, le sujet et l'objet. Dans cette étude sur la liberté qui, à en croire le fils de Schelling, s'élève de beaucoup au-dessus de la philosophie de la nature et du système de l'identité, l'absolu est défini positivement et il s'appelle nettement volonté: « En dernière analyse il n'y a pas d'être autre que la volonté; la volonté est l'être premier (Ursein), à elle seule conviennent tous les attributs de l'être premier;

elle est inconditionnée, éternelle, en dehors du temps, elle s'affirme et se crée elle-même (Selbstbejahung). Toute la philosophie ne tend qu'à trouver cette suprême expression de l'être. La liberté, voilà le concept positif de l'en soi (der positive Begriff des an-sich, S. W., Bd. VII, 350).

Et ailleurs : la conscience n'est pas le fait premier; elle suppose, comme toute connaissance, l'être proprement dit; cet être premier, qui précède la connaissance, est un vouloir premier, fondamental (ein Ur-und grundwollen), qui est la base de toute existence (die Basis aller Wesenheit).

Cette volonté primitive, inconsciente et aveugle, en dehors du temps, qui précède la connaissance, qui est le fond de toute chose, n'est-ce pas la volonté même de Schopenhauer? Ainsi ce n'est pas seulement, comme nous l'avions déjà montré, dans les détails, ce n'est pas seulement dans les points de vue généraux de son système que Schopenhauer s'est inspiré de Schelling, il lui a emprunté son premier principe; cette tentative même de ramener tout à la volonté, tentative qui semble d'abord tout à fait neuve dans l'histoire de la philosophie allemande, nous la trouvons déjà, non sans doute avec tous les développements que lui a donnés Schopenhauer, mais pourtant avec ses principaux traits dans la philosophie ou, si l'on aime mieux, les philosophies de Schelling.

On peut voir par là combien Schopenhauer se trompe, lorsqu'il croit ou prétend ignorer les systèmes qui le séparent du criticisme primitif. Fichte et Schelling avaient été non seulement des continuateurs de Kant, mais aussi successivement les disciples l'un de l'autre. De même Schopenhauer ne fut pas uniquement kantien.

Il a beau affirmer que sa philosophie s'est formée en dehors de la « Doctrine de la science » et de la « Philosophie de la nature; » les principes essentiels de sa métaphysique de la volonté se trouvent déjà dans Fichte et dans Schelling; s'il ne les leur a pas empruntés, il les reproduit après eux, ce qui est la même chose pour l'historien de la philosophie. « Je ne suis pas un homme de mon temps, dit-il mélancoliquement dans son livre *la Volonté dans la Nature,* je suis un homme de l'avenir; » à ne considérer que sa métaphysique, il est bien plutôt un homme du passé.

CONCLUSION

La philosophie de Schopenhauer est pétrie de contradictions, parce que cette philosophie renferme dans son sein deux systèmes qui sont la négation l'un de l'autre : un idéalisme critique et un réalisme dogmatique. Lisez le premier livre du « *Monde comme représentation et volonté;* » au nom des principes du criticisme, Schopenhauer démontre que le monde n'est qu'une représentation, moins que cela, une illusion de l'esprit; on ne saurait être plus idéaliste. Ouvrez le deuxième livre, vous entendez un tout autre langage : les principes critiques sont abandonnés, on ressuscite les réalités, on les élève même au rang de substances, de choses en soi, en un mot on est aussi dogmatique et affirmatif dans son réalisme qu'on a été critique et négatif dans son idéalisme. Le grand ouvrage de Schopenhauer est bien nommé *le Monde comme représentation et volonté,* car on y passe vraiment d'un monde à un autre, d'une philosophie à la philosophie contraire. Schopenhauer voyagea beaucoup : son grand ouvrage nous semble trahir cette instabilité d'esprit et ce goût des changements que durent développer en lui ses courses à travers le monde. D'un livre à un autre on change de pays, parfois même d'un chapitre au suivant on est désorienté.

Nous voici dès les premières pages sur cette terre ferme du Criticisme dont Kant a fait le tour et dont il a donné la « géographie »; mais tout à coup nous nous débarrassons des principes critiques qui gênaient notre essor et nous nous élevons avec Platon « sur l'aile des Idées », dans ces espaces vides de l'entendement pur dont Kant ne parle qu'avec dédain. Bientôt après nous redescendons sur terre et pour quelque temps nous ne marcherons plus que sur le terrain solide des faits et de l'Expérimentation; nous semblions tantôt rivaliser de témérité avec « la colombe légère qui s'imagine qu'elle volera bien mieux dans le vide que dans l'air résistant », et nous parlions des idées et des réalités absolues avec une certitude qui eût fait envie à Hégel lui-même. Maintenant nous déclarons la guerre à l'absolu, nous n'avons pas assez de railleries ni d'injures pour ces « sophistes » qui, comme Fichte et Hégel, n'entendaient rien à la méthode expérimentale qui fait notre force et notre originalité, ces « charlatans » qui ignorèrent la physiologie et toutes ces admirables sciences physiques sans l'aide desquelles on ne sait construire que des « ballons gonflés de vent. » (1). Ainsi rien n'est plus bigarré que la philosophie, nous allions dire que la mosaïque de Shopenhauer, et c'est bien à lui qu'on pourrait appliquer le mot vulgaire dont il se sert pour apprécier le système de Herbart, personne ne s'entendant mieux que lui à servir au lecteur une « salade philosophique (2). » Mais ce manque d'unité dans la philosophie de Schopenhauer a été depuis long-

(1) M. Janet a bien saisi ce côté, le plus important à coup sûr, de la philosophie de Schopenhauer dans son article sur la « Métaphysique en Europe depuis Hégel » : « la philosophie de Schopenhauer, dit-il, tout en reproduisant en partie l'idéalisme de Kant, était surtout et dans le fond une *réaction réaliste.* » (*Revue des Deux-Mondes*, 1877, page 614.)

(2) Parerga, I, 176.

temps remarqué; ce que nous voulons montrer dans cette conclusion et ce qui sera l'achèvement naturel de cette étude historique et critique sur le Noumène, c'est que la source principale des contradictions de Schopenhauer est, comme ce fut le cas pour Kant, Fichte et Schelling, la théorie de la chose en soi.

La première et la plus certaine de toutes les vérités pour Schopenhauer, c'est que tout objet n'est que par et pour le sujet. D'autre part la seule vraie réalité est un objet indépendant du sujet, une volonté en soi, et cela aussi est pour lui la première des certitudes. Mais comment concilier entre eux ces deux grands principes qui sont comme les pôles opposés de sa philosophie? Comment maintenir, en face de l'idéalisme qui réduit toute chose à une pure représentation, une chose qui existe en soi indépendamment de la représentation que j'en ai? uniquement en élevant la chose en soi au-dessus des lois qui régissent la représentation, au-dessus du temps, de l'espace et de la causalité, « ces trois conditions de toute connaissance. » Mais alors cette chose en soi, cet absolu est absolument inconnaissable et le suprême intelligible va devenir l'inintelligible suprême : nullement, c'est au contraire ce que Schopenhauer connaît le mieux, car c'est la seule chose qu'il connaisse immédiatement; par la conscience il connaît directement la volonté en soi et par celle-ci indirectement tout le reste; tel est le privilège de la « Méthode intérieure. »

Cette méthode intérieure, Schopenhauer a eu le grand mérite de l'opposer au jeu dialectique des concepts et à ces débauches de rationalisme qui accompagnèrent en Allemagne le triomphe de la philosophie de Hégel. C'est à la raison seule qu'on demandait l'explication de l'univers et on lui avait fait dire sur bien des choses, particulièrement sur l'absolu, beaucoup de déraisons : Schopenhauer prit plaisir à l'humilier, à la dépouiller de son prestige et surtout de sa puissance créatrice ; il rappela qu'elle était du genre féminin, incapable de rien produire par elle-même si elle n'était fécondée par l'intuition. C'est l'intuition seule et avant tout l'intuition du moi qui pénètre au fond des choses et nous donne « le mot de l'énigme ; » la raison ne fait que traduire laborieusement en abstractions froides et mortes ce que l'intuition a découvert dans sa marche aussi rapide que sûre, ce qu'elle nous a livré avec les couleurs variées et tous les prestiges de la vie. Sans doute avant Schopenhauer, Fichte avait porté toute son attention sur le moi ; mais c'était, surtout dans ses premières œuvres, le moi abstrait, le moi impersonnel de la raison qui avait fait l'objet de ses raisonnements bien plus que de ses intuitions. Schopenhauer ne raisonne pas sur la notion pure du moi, il étudie celui-ci sur le vif, pourrait-on dire, il le saisit sous sa forme concrète et dans son activité même qui est le vouloir (1).

Est-il vrai cependant que cette méthode ait le singulier mérite que lui attribue Schopenhauer, c'est-à-dire qu'elle nous mette en possession de vérités inaccessibles à la connaissance proprement dite ? il serait plaisant que le plus réel de tous les objets, la volonté, ne fût soumis à aucune des conditions qui rendent l'objet possible, à

(1) Les rapports de cette méthode intérieure de Schopenhauer avec celle de Maine de Biron sautent aux yeux. Nous n'avons pas eu, dans une étude sur les origines de la métaphysique de Schopenhauer, à rechercher ce qu'il y avait de commun entre l'auteur du « Monde comme représentation » et l'auteur des « Rapports du physique et du moral, » ce dernier ouvrage ayant été publié en 1834, c'est-à-dire seize ans après la composition du grand ouvrage de Schopenhauer. M. Janet a fait ressortir avec autant de concision que de vérité la ressemblance des deux doctrines. (*Revue des Deux-Mondes*, 1er juin 1877, page 617.)

savoir le temps, l'espace et la causalité et qu'il échappât même à cette loi absolue si hautement proclamée par Schopenhauer lui-même dès les premières lignes de son ouvrage, la loi qui seule donne un sens au mot objectivité et qui se formule ainsi : tout objet est relatif au sujet? Mais est-il donc possible d'avoir conscience de sa volonté en dehors du temps et la notion même de volonté n'est-elle pas inséparable de la notion de causalité? D'autre part le moi, pour arriver à avoir conscience de lui-même, n'est-il pas obligé de se dédoubler, de s'opposer, même dans la réflexion et le souvenir, un non-moi intérieur qui devient pour lui l'objet sur lequel il fixe son regard? Ainsi la conscience ne saurait être soustraite à toutes les lois de la connaissance, car ou elle n'est rien, ou elle est simplement une connaissance d'un genre particulier, une connaissance ramenée en soi. Par conséquent tout ce qu'elle nous donnera appartiendra au domaine du relatif, non de l'absolu et la « philosophie immanente » de Schopenhauer ne sera pas plus capable que la philosophie transcendante de ses prédécesseurs de nous faire sortir du seul monde qui puisse être l'objet de notre connaissance, le monde des phénomènes.

C'est pour avoir voulu s'élever au-dessus de ce monde, dans la région chimérique des Noumènes, que Schopenhauer, comme l'avaient fait Kant, Fichte et Schelling, s'est embarrassé dans des théories aussi abstraites que contradictoires.

Que sera en effet cette chose en soi dont on prétend avoir découvert la vraie nature? Si elle veut se faire connaître, il faut qu'elle se soumette aux lois de la connaissance, qu'elle consente à être un objet relatif à un sujet, c'est-à-dire il faut qu'elle renonce à être une chose en soi. Inversement si elle veut être une véritable chose en soi, il faut qu'elle reste inconnue, même à Schopenhauer; sa majesté de Noumène est si fragile qu'elle s'évanouit dès qu'elle renonce à l'incognito sous lequel Kant l'introduisit dans son système lorsqu'il la désigna par la lettre X. Mais Schopenhauer, plus hardi que Kant, ne se contente pas de cette vague et prudente dénomination : la chose en soi n'a pour lui rien de caché et il écrira tout un livre pour nous en dévoiler tous les mystères. Ainsi la chose en soi a beau, par sa définition même, échapper à toutes les lois de la pensée, même à la plus universelle de ces lois, le principe de raison suffisante, elle n'échappe pas pour cela à la pensée de Schopenhauer. Est-ce donc par une faveur toute spéciale que l'intelligence de Schopenhauer a réussi à la connaître? en aucune façon, elle se révèle à tout individu par cela seul qu'il est individu. « Le mot de l'énigme ne serait jamais trouvé si le chercheur était un pur sujet connaissant, par exemple une tête d'ange ailé sans corps; mais il est individu, c'est-à-dire à la fois esprit et corps et c'est comme tel qu'il trouve le mot de l'énigme, lequel est volonté. » Ainsi la chose en soi, cette essence universelle et une, est connue, c'est dire trop peu, est perçue directement par son contraire, l'individu. Ce qui fonde l'individualité d'après Schopenhauer, c'est la réunion du temps et de l'espace, et c'est parce que la chose en soi n'est soumise ni au temps ni à l'espace qu'elle est une. Ainsi d'après Schopenhauer, plus on diffère d'une chose, mieux on la connaît. C'est le renversement du principe qu'avait proclamé l'antiquité : le semblable est connu par son semblable. Schopenhauer ignore-t-il donc ou réfute-t-il ce principe? loin de là, ce principe est l'âme même de sa *Philosophie de la Volonté*, et c'est l'application, en grande partie légitime, qu'il en a faite pour expliquer la nature des êtres autres que l'homme, qui constitue l'originalité de son système. Est-il possible de se donner à soi-même de plus nombreux et de plus éclatants démentis, et avons-nous besoin de démontrer que si Schopenhauer est si incroyablement illogique, c'est parce qu'il essaie de connaître ce qui par sa nature doit échapper aux lois de la connaissance? La théorie, forcément contradictoire, sous quelque forme qu'elle se présente, de la chose en soi, c'est là pour me servir d'une de ses expressions favorites, le πρῶτον ψεῦδος de sa philosophie; c'est cette théorie, sans cesse recommencée, qui est la « maîtresse d'erreurs » dans les systèmes qui ont succédé au criticisme, car c'est elle qui a inspiré toutes les explications de l'absolu, qui prétendaient être les unes plus vraies que les autres, et qui ne furent jamais que le produit de ces « illusions métaphysiques » combattues et partagées à la fois par le fondateur même du criticisme.

D'ailleurs Schopenhauer a plusieurs moyens de faire l'impossible, c'est-à-dire de connaître l'inconnaissable et, comme si ce n'était pas assez de la contradiction qui éclate entre ce but chimérique et les moyens quelconques qu'il peut proposer pour l'atteindre, ces moyens eux-mêmes se contrediront entre eux. On a vu par exemple que si nous connaissons la volonté par la méthode intérieure, c'est parce que nous sommes des individus; mais les individus ne sont-ils pas au fond pour Schopenhauer de pures manifestations tout-à-fait éphémères de la volonté? Comment donc ce qui ne fait que passer pourrait-il connaître pleinement ce qui est éternel? il semble que le phénomène, qui n'a qu'une existence empruntée, aura beau regarder au-dedans de lui-même, il ne saura y trouver l'image fidèle de son contraire, du Noumène qui est en soi et pour soi. Aussi, si nous en croyons Schopenhauer, y a-t-il pour bien connaître la volonté en soi un moyen plus sûr que de rentrer en soi-même : c'est d'en sortir, c'est, non plus de s'étudier comme individu, mais de se dépouiller de tout ce qui est individuel. Nous l'avons vu, c'est en contemplant les idées qu'on arrive à se débarrasser de ce qui était tantôt une condition indispensable, de ce qui est maintenant le plus grand obstacle à la découverte de la chose en soi, l'individualité. Sommes-nous sûrs enfin d'atteindre notre but par cette voie nouvelle et la connaissance de la chose en soi nous consolera-t-elle au moins de la perte de notre personnalité? Au génie lui-même, qui a le rare bonheur de contempler les idées dans les minutes sacrées de l'inspiration, Schopenhauer refuse la connaissance de la chose en soi telle qu'elle est, il lui permet seulement d'en saisir la manifestation « la plus adéquate possible ». Ne nous arrêtons pas à demander à Schopenhauer comment il sait que l'idée est la manifestation la plus adéquate de la volonté en soi, alors qu'il n'a pu comparer aucune des manifestations du Noumène avec le Noumène lui-même qu'il déclare impénétrable. Nous tenons seulement à faire remarquer que les deux méthodes contraires qu'il nous propose pour arriver à connaître le Noumène s'accordent en ceci, que pour les mêmes raisons elles arrivent aux mêmes résultats négatifs. Soit en effet que nous rentrions en nous-mêmes par la méthode intérieure, soit que nous en sortions par la contemplation esthétique, nous ne trouvons, en nous comme hors de nous, que des manifestations de la volonté en soi et cela parce que, de l'aveu même de Schopenhauer, la volonté en soi échappe par sa nature à toute connaissance.

L'idée, si élevée qu'elle soit au-dessus de la simple perception des choses extérieures, est encore une représentation et, comme telle, en partie subjective; quant à la volonté que je perçois au dedans de moi elle est trop ma volonté pour me donner une idée exacte de la volonté en soi. Ainsi le Noumène reste éternellement voilé comme le Dieu du tabernacle et Schopenhauer, quelque chemin qu'il prenne, n'arrive jamais à connaître que ce qui existe pour lui, que sa volonté phénoménale. On lui a reproché d'avoir été infidèle à sa méthode immanente; selon nous, dans sa théorie des idées, il fait tout ce qu'il peut pour mériter ce reproche, mais sans y réussir, car à lui aussi il est interdit de s'élever au-dessus du phénoménal et du subjectif comme il était interdit au célèbre baron de Münchausen de traverser un fleuve à cheval sans mouiller sa monture.

Mais laissons pour un instant la question de savoir si la volonté de Schopenhauer pouvait être un vrai Noumène et essayons d'apprécier rapidement, comme il convient à un essai essentiellement historique, les caractères qu'il attribue à cette volonté. Des trois ordres de phénomènes que la connaissance nous révèle, volitions, sentiments, pensées, Schopenhauer donne le pas au premier sur les deux autres; ou plutôt il fait de tous les phénomènes de sensibilité, sentiments, passions, désirs, autant d'expressions de la volonté et il donne à la volonté ainsi conçue la priorité sur l'intelligence. Voyons sur quelles raisons il s'appuie pour fonder ce qu'il appelle le primat de la volonté.

La volonté, dit-il, impose ses décisions à l'intelligence qui est une esclave et ne doit qu'obéir. Voyez par exemple comme la volonté se moque de l'intelligence, comme elle lui cache son jeu pour la mieux faire servir à ses fins, à la réalisation de ses plus secrets désirs.

L'analyse de Schopenhauer est-elle absolument exacte? Ne faudrait-il pas d'abord distinguer, au lieu de les confondre comme il fait, la volonté proprement dite, à qui seule il appartient de décider en dernier ressort, du désir et de la passion qui ne sont jamais que des tendances, des aspirations vers un but avoué ou non? et dès lors ne devrait-on pas renverser la proposition de Schopenhauer et dire que dans la plupart des cas c'est la volonté elle-même qui est jouée et tyrannisée par la passion? Mais acceptons la division de Schopenhauer et n'opposons à l'intelligence qu'une seule et même chose qui sera à la fois désir et volonté. Comme il nous paraît indéniable que le désir, même inavoué, implique une connaissance quelconque du but à atteindre et comme cette connaissance est le vrai point de départ de notre activité volontaire, c'est finalement la volonté qui serait aux ordres de l'intelligence; que sera-ce maintenant si nous nous élevons du désir vague et inavoué au désir nettement formulé dont nous avons pleinement conscience? Sans doute la volonté encore ici peut ressembler, pour parler le langage de Schopenhauer, à un coursier fougueux et indocile, il n'en est pas moins vrai que l'intelligence tient les rênes et qu'elle peut mener le coursier où elle a dessein d'aller. Et qui donc plus que Schopenhauer reconnaît et proclame l'influence de l'intelligence sur la volonté, lui qui, malgré sa théorie parfaitement inintelligible d'ailleurs de la liberté intelligible, est pleinement déterministe, lui qui abandonne aux motifs, ces « concepts de l'entendement », la direction souveraine de la volonté : « les motifs seuls peuvent faire que je me jette par la fenêtre. »

Enfin si la théorie de Schopenhauer est vraie, si la volonté est, au sens où il l'entend, étrangère et supérieure à l'intelligence, comme la volonté est d'après lui la chose essentielle dans l'homme, il faudra dire que celui-là seul sera vraiment homme qui aura réussi à s'affranchir complètement de l'intelligence et à vouloir sans raison; dès lors la chose en soi ne sera plus la volonté mais le caprice.

Une autre raison sur laquelle Schopenhauer insiste beaucoup pour établir le primat de la volonté c'est que, tandis que l'intelligence se lasse vite de penser et qu'elle décline rapidement dans la vieillesse, la volonté est infatigable parce que, étant notre essence même, elle s'exerce sans le moindre effort et se développe comme d'elle-même. En opposant ainsi aux défaillances fréquentes et à la décadence rapide de l'intelligence, l'éternelle jeunesse de la volonté, Schopenhauer est loin d'avoir opposé l'une à l'autre deux lois absolues. N'est-ce pas en effet une banalité de dire que l'exercice n'est pas toujours nuisible à l'intelligence et que si des labeurs excessifs la fatiguent et l'altèrent, un travail raisonnable l'aiguise et peut même l'accroître? D'autre part, rien ne pèse tant à la majorité des hommes qu'un choix à faire, rien ne leur coûte tant qu'une décision à prendre; beaucoup sont enchantés de trouver quelqu'un qui veuille pour eux, car pour beaucoup ce n'est pas la pensée, ce n'est pas même la méditation, c'est le vouloir qui est une fatigue. Que si nous considérons, non plus les décisions isolées, mais le vouloir continu, nous voyons que le monde reconnaît un grand mérite à ceux qui veulent longtemps, parce que pour vouloir ainsi, il faut être capable d'effort et de lutte et que de toutes les vertus, une des plus rares est la persévérance. Ajoutons que, pour assurer infailliblement le déclin de la volonté, il n'y a qu'à la confondre, comme fait Schopenhauer, avec la passion.

Si on réduit enfin la volonté à n'être que la vie même, si on la restreint au vouloir-vivre de Schopenhauer, même alors qu'elle est loin d'être toujours jeune et agile et prête à l'action! et Schopenhauer ne sait-il pas mieux que personne au monde qu'on se fatigue même de vivre? c'est en effet dans le cas où son pessimisme aurait raison qu'il faudrait appeler les morts, comme les appelait l'antiquité, les fatigués (οἱ καμόντες). « Entraînés pêle-mêle, dit Lamennais, jeunes et vieux tous disparaissaient, tels que le vaisseau que chasse la tempête. Ceux qui les virent ont raconté qu'une grande tristesse était dans leur cœur, l'angoisse soulevait leur poitrine et, *comme fatigués du travail de vivre,* ils pleuraient. »

Mais laissons là toutes ces considérations, qui nous paraissent au fond passablement oiseuses sur les mérites respectifs de l'intelligence et de la volonté. Voici, pour justifier le primat de la volonté, une raison qui est décisive, si elle est vraie : c'est que, d'après Schopenhauer, la volonté est née avant l'intelligence, ce qui fait d'elle le *primum movens,* le principe premier de toute activité. Mais comment établit-on cette antériorité de la volonté? l'intelligence, nous dit-on, est le produit du cerveau lequel est lui-même le produit de la volonté; ainsi envisagée, l'intelligence ne serait plus même secondaire, mais tertiaire. De ces deux assertions nous ne nous arrêterons pas à discuter la première, à savoir que l'intelligence est le produit du cerveau, nous nous étonnerons seulement de la rencontrer chez un philosophe qui se flatte d'avoir convaincu de sottise les matérialistes. Ce qui donne à Schopenhauer, si nous l'en croyons, une grande supériorité sur les matérialistes, c'est que ceux-ci s'arrêtent à la matière (Stoff) comme au principe dernier et irréductible, tandis que lui, il a ramené la matière à la force. Nous ne trouvons pas qu'il y ait lieu pour Schopenhauer de se vanter beaucoup de cette supériorité, car la force brute à laquelle il réduit tout ne nous paraît valoir guère mieux que la matière brute. Mais examinons un instant sa seconde assertion, qui est en tous cas plus originale, à savoir que le cerveau est un produit de la volonté; c'est un organe qui n'est que l'expression du vouloir-vivre. La première réflexion qui vient à l'esprit du lecteur ne peut manquer d'être la suivante: si une volonté « aveugle » a pu faire cette chose délicate et compliquée à l'infini qu'on appelle le cerveau, qu'eût donc fait une volonté qui aurait vu clair? Un des plus grands plaisirs de Schopenhauer est de plaisanter sur le bagage de miracles que toute religion traîne après elle: il oublie que la création du cerveau par une volonté qui ne sait pas ce qu'elle fait est, pour me servir de son expression favorite, « le miracle par excellence. »

Mais si la volonté créatrice est inintelligente, pourquoi Schopenhauer admet-il des causes finales? Sur ce dernier point sa pensée est on ne peut plus flottante. Si nous comparons entre eux les deux différents passages où cette question est traitée, voici ce que nous trouvons : les causes finales sont affirmées dans le détail, niées dans l'ensemble de la création et, là même où on les admet, comme dans les organismes particuliers, on ne leur reconnaît avec Kant qu'une valeur idéale, elles sont simplement des points de vue de l'esprit. Ainsi ce qui fait sur ce domaine l'originalité de Schopenhauer, c'est que la finalité est à la fois absente du tout et manifeste pour notre esprit dans les parties du tout. Cette distinction est encore plus bizarre que nouvelle, car en admettant, ce qui ne saurait être discuté ici, que la cause finale n'ait de valeur que pour notre esprit, il n'en est pas moins vrai que le propre de la cause finale, précisément telle que notre esprit se la représente, c'est d'expliquer les parties par le tout, ainsi l'avait compris du moins le maître de Schopenhauer; mais qu'avons-nous besoin d'invoquer des autorités? est-ce que le simple bon sens ne se refuse pas à comprendre que des détails soient ordonnés dans un ensemble désordonné?

Si maintenant nous considérons la philosophie de Schopenhauer à un autre point de vue (il y en a beaucoup et de très différents dans cette philosophie), nous dirons que la volonté dans Schopenhauer n'est pas intelligente, elle est pire, elle est la ruse même. Le monde a bien vraiment un but et ce but est de nous tromper, de nous « exploiter », comme l'a dit un penseur français contemporain qui, aussi clairvoyant, mais plus chevaleresque que Schopenhauer, consent volontiers à être dupe (non dupé) des fraudes de la nature. Tout le monde connaît les pages merveilleuses où Schopenhauer a révélé au monde le plus machiavélique de tous les plans qu'ait inventés la nature pour nous faire servir à ses fins: comme avant tout elle veut vivre et qu'elle ne le peut que par le maintien des espèces, elle a donné à l'acte qui assure son éternité les apparences du sentiment le plus personnel et le plus intéressé, elle a fait croire à l'homme que l'amour est un égoïsme à deux, tandis qu'au fond l'homme qui aime n'est que l'esclave des volontés de la nature, car tout en ne songeant qu'à lui il n'agit que pour elle, pour l'empêcher de mourir. La volonté, il faut en convenir, a si adroitement joué son jeu, que ses dupes elles-mêmes ne peuvent lui refuser leur admiration. Cette admiration toutefois cesse en un point, c'est précisément en face de la plus belle œuvre qui soit sortie de ses mains, l'intelligence. Ici Schopenhauer a raison de nous dire que la volonté est aveugle, car lorsqu'elle a créé l'intelligence, elle ne savait pas ce qu'elle faisait; ce sont les plus habiles gens, comme on sait, qui font les pires sottises. L'intelligence, en effet, loin de savoir gré à la volonté qui l'a mise au monde, lui joue le mauvais tour de la supprimer. On se rappelle comment l'intelligence devient parricide : elle persuade à la volonté de ne plus vouloir et dès lors le monde finit. Comme la volonté est une et, selon les paroles de Schopenhauer, tout entière en chacun de nous, un seul homme peut, en cessant de vouloir, prononcer l'arrêt de mort de la volonté. Il est permis de se demander en passant comment il s'est fait que la volonté de Schopenhauer, en se niant elle même, n'ait pas amené la fin du monde. Il vaut peut-être aussi la peine, maintenant que le Monisme semble reprendre faveur (1), d'apprécier en peu de mots le monisme de la volonté dans Schopenhauer.

Ce monisme tout d'abord se sépare en deux points importants du panthéisme ordinaire. Sans doute, Schopenhauer s'est approprié ce qu'il appelle la vérité du panthéisme, la doctrine de l'Un-Tout (All-Eins-Lehre). Mais en premier lieu, tandis que les panthéistes voient Dieu partout, Schopenhauer ne l'a rencontré nulle part; en second lieu, tout est bien pour les panthéistes et pour Schopenhauer tout est mal; sa doctrine est donc moins un panthéisme qu'un pandynamisme athée. Il est vrai que l'optimisme des panthéistes et le pessimisme de Schopenhauer sont également contraires au libre arbitre; aussi est-ce surtout à Spinoza que Schopenhauer emprunte ses arguments contre la liberté. Herbart du reste, avait déjà observé avec raison, en analysant la doctrine de Schopenhauer, que si notre être et notre

(1) Voir le livre d'un disciple de Schopenhauer, L. Noiré : *der Monistische Gedanke*. Leipzig, 1875.

liberté sont une même chose enfermée dans une volonté une, tous les individus se trouvent liés à la même chaîne. Si déterministe qu'ait pu être Kant lui-même, sa conscience morale aurait protesté contre le monisme brutal d'un disciple pour qui toutes les actions humaines ne sont que les effets nécessaires d'une cause première aussi dépourvue de raison que les plus vulgaires causes physiques.

On peut, en outre, faire à Schopenhauer l'objection ordinaire qu'on adresse au panthéisme : comment concilier la multiplicité des êtres avec l'unité de la substance première qui est tout? Schopenhauer croit peut-être échapper à l'objection en prétendant que la multiplicité n'est qu'une idée, un produit de l'intelligence, qu'il n'a par conséquent pas à expliquer l'existence des choses multiples, ces choses n'existant que dans notre cerveau. Mais qui ne voit que la difficulté n'est par là que reculée? Si l'intelligence, comme le veut Schopenhauer, n'est qu'un produit du cerveau, la volonté a dû, pour produire des intelligences, créer d'abord des cerveaux; cette pluralité réelle des cerveaux est donc antérieure à l'idée même que l'intelligence se fera plus tard de la pluralité, il reste toujours à expliquer comment la volonté une et infinie a créé des réalités multiples. Enfin, nous ne comprenons pas que Schopenhauer, après s'être donné tant de peine pour élever sa volonté une au-dessus du monde phénoménal et pour écarter d'elle tout ce qui pourrait altérer son absolue indépendance, la laisse ensuite à la merci de nos chétives volontés. En effet, pour que la volonté en soi meure, nous n'avons qu'à cesser de vouloir, nous éteignons par là le foyer qui entretenait la vie universelle. Quelque peu d'enthousiasme qu'excite en nous la volonté, telle que la conçoit Schopenhauer, nous sommes tentés parfois de la défendre contre lui-même, tant il met d'empressement à la sacrifier sous prétexte que c'est par elle que la douleur est entrée dans le monde. Par exemple, nous doutons que des volontés particulières réussissent aussi aisément que le croit Schopenhauer à anéantir la volonté en soi. Nous pensons même que cet anéantissement est impossible par les moyens que propose Schopenhauer, car la volonté ne peut jamais faire qu'une chose, vouloir, c'est-à-dire s'affirmer elle-même; vouloir se nier, c'est encore vouloir, et par conséquent la volonté est condamnée à vivre éternellement s'il n'y a pas pour elle d'autre façon de mourir que le suicide.

Schopenhauer semble avoir compris qu'en posant une chose en soi en dehors et au dessous des phénomèmes, il creusait un abîme qui séparait sa philosophie en deux moitiés inconciliables entre elles. Cet abîme, il a essayé de le combler par sa théorie des idées. A-t-il par là sauvé la chose en soi? C'est la seule question que nous ayons à examiner. Les idées, qui servent de trait d'union entre le Noumène et les phénomènes, entre l'unité et la pluralité, sont de vrais médiateurs plastiques qui modèlent les choses à l'image de la volonté. Mais Schopenhauer parle des idées au pluriel, il faut donc expliquer encore ici comment des idées multiples expriment une volonté une; la difficulté, loin d'être levée, n'a fait que se compliquer par le recours aux idées, car Schopenhauer est naturellement fort embarrassé de définir la nature ambiguë de celles-ci. Les idées sont-elles des phénomènes? Loin de là, car elles ne sont soumises ni au temps, ni à l'espace, ni à aucune des lois ordinaires de la connaissance. Sont-elles donc la chose en soi? Elles sont simplement l'expression adéquate de la volonté une. Ainsi, Schopenhauer ne sait pas exactement ce qu'est la chose en soi; cela ne l'empêche pas d'affirmer que les idées en sont la représentation adéquate, et ces idées, il réussit à se les représenter en dehors du temps, de l'espace et des lois générales de la connaissance. C'est ainsi que les principes les plus sûrs du criticisme, inscrits par Schopenhauer lui-même en tête de son grand ouvrage sont, comme toujours, foulés aux pieds, dès qu'il s'agit de plaider la cause du Noumène, et comme ses prédécesseurs, Schopenhauer ne fait que compromettre son criticisme sans nul profit pour la chose en soi. Chose curieuse! en effet, tandis que Schopenhauer s'imagine être arrivé à voir de très près la chose en soi dans sa région supérieure des idées, il n'a jamais été plus enfoncé et comme emprisonné dans le monde des phénomènes. L'idée, dit-il, est représentable; or qu'est-ce, d'après sa définition même, qu'une représentation? un phénomène du cerveau (ein Gehirnphenomen) et comme le cerveau est lui-même un phénomène de la volonté, la forme la plus haute de la chose en soi à laquelle il ait pu s'élever sur l'aile des idées est le phénomène d'un phénomène. Enfin comment arrivons-nous à connaître les idées, ces magnifiques exemplaires des choses qu'une volonté inintelligente a eu le génie de créer? on l'a vu dans notre exposition, c'est en nous affranchissant peu à peu de notre volonté que nous pouvons contempler les idées dans le domaine de l'art. Ainsi « ces expressions adéquates » de la volonté, nous ne parvenons à les connaître qu'en nous dépouillant de notre volonté, c'est-à-dire de ce qui nous rapproche le plus d'elles.

Schopenhauer, on le voit, semble ignorer le principe

de contradiction ou plutôt on dirait, par moments, qu'il fait de la contradiction le principe de son système, tant il y a dans ce système des points de vue contraires, des théories ennemies les unes des autres. Un grand critique de son pays ([1]), après avoir fait un éloge mérité de son style, le compare à Pascal; si nous avions à apprécier dans Schopenhauer l'écrivain, qui est de beaucoup supérieur au philosophe, nous admettrions peut-être cette comparaison avec Pascal; nous demanderions toutefois qu'on nous permît de ne voir en lui qu'un Pascal allemand avec toutes les réserves qu'un tel adjectif implique dans les questions de goût. En tout cas, le philosophe a réuni en lui comme à dessein ces « étonnantes contrariétés » que Pascal s'est tant plu à relever chez l'homme, et même il est si facile de combattre ce philosophe et de « le froisser avec ses propres armes », que, nous n'hésitons pas à le dire, son système nous apparaît parfois, suivant l'expression de l'auteur des *Pensées*, comme « un monstre incompréhensible. »

Quel a été notre but en signalant toutes ces contradictions de Schopenhauer? uniquement de montrer les fautes de logique dans lesquelles l'a fait tomber sa théorie de la chose en soi.

Cette chose en soi, nous en avons fait, pour ainsi dire, l'histoire critique : admise chez Kant sous le nom de liberté intelligible, elle est pour Fichte la liberté morale, pour Schelling l'âme du monde laquelle est finalement liberté, pour Schopenhauer une volonté physique. Ainsi chez tous les philosophes c'est la volonté qui est le véritable Noumène, de quelque façon du reste qu'ils conçoivent la volonté. Chez tous aussi, ce Noumène les

([1]) Hillebrand: Wälsches und Deutsches, 363.

met en contradiction avec le criticisme qui est leur point de départ. C'est que, ainsi que nous avons essayé de le démontrer, le criticisme est essentiellement un phénoménalisme rationnel; d'après la doctrine de Kant, c'est parce qu'il n'y a que des phénomènes qu'est possible la connaissance *à priori*, disons simplement la connaissance, puisque celle-ci ne saurait avoir lieu sans *à priori*. Un Noumène, quel qu'il soit, ne saurait être connu d'un philosophe qui reste fidèle au véritable esprit de la philosophie de Kant. Or pour ce même philosophe, si une chose n'est pas connue, si elle n'apparaît pas, elle n'est pas.

La conclusion de ce travail s'impose à nous : si nous avons réussi à montrer combien la chose en soi est contraire au criticisme, c'est-à-dire à la philosophie fondée par Kant et professée comme étant la seule vraie par Fichte, Schelling et Schopenhauer, toutes les fois qu'on étudiera l'un quelconque de ces quatre philosophes pour s'approprier la part de vérité que peut contenir leur système, avant tout entre le criticisme et la chose en soi il faudra opter; cette étude dit assez pourquoi nous optons pour le criticisme.

TABLE DES MATIÈRES

Bordeaux. — Imp G. Gounouilhou, rue Guiraude, 11.

Bordeaux. — Imp. G. GOUNOUILHOU, rue Guiraude, 11.

www.ingramcontent.com/pod-product-compliance
Lightning Source LLC
Chambersburg PA
CBHW052102090426
42739CB00010B/2285

* 9 7 8 2 0 1 2 6 2 5 1 4 3 *